愛着関係の発達の理論と支援

米澤好史 編著

シリーズ
支援のための発達心理学
本郷一夫 監修

金子書房

シリーズ刊行にあたって

　近年，障害の確定診断の有無にかかわらず，様々な支援ニーズをもつ子どもや大人が増加している。また，そのような人々に対する多くの支援技法も紹介されている。しかし，ある人に対して「うまくいった」支援技法を他の人に適用しても必ずしもうまくいくとは限らない。また，支援直後に「うまくいった」ように見えても，その後の人生にとってその支援が効果的であるかはわからない。重要なことは，表面的な行動の変化ではなく，その人の過去から現在に至る生活の理解に基づいて，その人の現在と未来の生活に豊かさをもたらす支援を行うことであろう。すなわち，人の発達の理解に基づく発達支援である。
　そのような観点から，シリーズ「支援のための発達心理学」は企画された。本シリーズは，人が抱える問題の理論的基礎を理解するとともに，それに基づく具体的支援方法を学ぶことを目的とした。その点から，次の2つの特徴をもつ。第1に，単なる支援技法としてではなく，発達心理学の最新の知見に基づく支援のあり方に焦点を当てている点である。第2に，各領域の発達は，その領域の発達だけでなく，他の領域の発達と関連しながら起こるという機能間連関を重視している点である。
　現在，発達支援に関わっている心理士・教師・保育士，これから支援に関わりたいと思っている学生・大学院生などの方に，本シリーズを是非読んでいただきたい。そして，それが新たな支援の展開と支援方法の開発につながっていくことを期待している。
　最後になったが，このシリーズの出版の機会を与えていただいた金子書房，また迅速で的確な作業を進めていただいた担当の加藤浩平氏には深く感謝の意を表したい。

2018年2月

シリーズ監修　本郷一夫

Contents

シリーズ刊行にあたって　i

第Ⅰ部　愛着理論と支援の基本

第1章　愛着理論と愛着形成・愛着障害の実態
　　　　　　　　　　　　　　　　　　　米澤好史　2

第2章　愛着の視点からの支援 —— 身体心理学の立場から
　　　　　　　　　　　　　　　　　　　山口　創　13

第3章　愛着の視点からの支援 —— 学校心理学の立場から
　　　　　　　　　　　　　　　　　　　山崎　茜　23

第4章　虐待と愛着
　　　　　　　　　　　　　　　　　　　柴田俊一　34

第Ⅱ部　愛着の視点からの支援の実際

第5章　愛着の視点からの支援の実際 —— 就学前

❶保護者の困り感からとらえた発達の課題
　　—— 5歳児健診から見えてきたこと
　　　　　　　　　　　　　　　　　　　兵藤朱實　48

2 愛着という信頼の絆を深めるために
　　……………………………………… 前田　綾　52

第6章　愛着の視点からの支援の実際
──小・中・高等学校・支援学校

1 全ての子どもを"愛着の視点"で包みたい
　　……………………………………… 宮内英里子　56

2 愛着の視点でのこども理解と支援の実際
　　──小学校の実践
　　……………………………………… 山本敬三　62

3 小学校での愛着の問題を視野に入れた支援
　　……………………………………… 清水初穂　67

4 トラブル対応シナリオ化の試み
　　……………………………………… 齋藤良直　72

5 小中高を通して，子どもたちの「心を支えること」
　　……………………………………… 中川菜弓　83

6 スクールカウンセラーとして関わる教育現場の実態と支援の実際
　　……………………………………… 松下成子　87

7 地域の学校から特別支援学校に引き継いだ支援の実際
　　……………………………………… 伊達寿江　91

| 第7章 | 愛着の視点からの支援の実際 —— 福祉の現場

１ 愛着と向き合う現場から
　　—— 児童養護施設における支援の実際
　　　　　　　　　　　　　　　　　　　　久保英明　96

**２ 児童心理治療施設における
　愛着障害を抱える子どもへの支援**
　　　　　　　　　　　　　　　　　　　　土井裕正　101

３ 児童相談所における愛着修復支援
　　—— 親子関係再構築支援の実践から
　　　　　　　　　　　　　　　　　　　　西川順也　107

第Ⅲ部　まとめ

| 第8章 | 愛着という視点からの支援
　　　　　　　　　　　　　　　　　　　　米澤好史　114

第Ⅰ部

愛着理論と支援の基本

第Ⅰ部　愛着理論と支援の基本

第1章 愛着理論と愛着形成・愛着障害の実態

米澤好史

1　愛着をどう捉えるか？

（1）発達支援における愛着の問題の顕在化

　今，育児，保育，教育という発達支援の現場において，愛着障害，愛着の問題にかかわる事例が急激に増えている（米澤，2015；2016a；2016b）。親の養育を受けられない福祉施設で育つこども，被虐待のこどもに限らず，通常家庭に愛着の問題を抱えるこどもが急増している。また，愛着障害と発達障害との峻別がしっかりされないため，どの現場においても，その支援についての混乱と困難さが強く意識されるようになってきている。さらに，愛着障害，愛着の問題への愛着形成・愛着修復支援の実践研究の実績（米澤，2015；米澤，2018等）から，改めて，愛着という心と発達の基盤の重要性に気づかされるのである。

　本稿では，こうした発達支援の現場での愛着の問題への気づきと愛着の支援の成果をもとに，愛着の理論と定義を再考したい。さらに，それは現在の愛着障害の認識を改めて捉え直すことになろう。こうした現場に即した理論の再検討と修正こそが，愛着の視点から，適切なこどもの発達支援，こころの支援につながるのである。また，愛着というこころの基盤こそが，発達のさまざまな機能間連関の基礎となるのではないかと指摘できるのである。

（2）愛着理論と愛着の定義

　愛着（アタッチメント）とは何か？　愛着障害（Attachment Disorder）を理解し，支援をしていくには，この共通理解が必要である。しかし，残念なが

ら，愛着の専門家においても，その共通理解は得られていないのが現状である（遠藤，2010；青木，2017）。愛着という関係性概念はボウルヴィ（Bowlby, J.），エインスワース（Ainsworth, M. D. S.）によって愛着理論として提唱された。最初の発想では，危機的な状況において，その対象に接近しようする認知－行動制御システムに限定されていた。今でもその定義に戻るべきであり，愛情（Affection）と区別すべきとの主張もされている（Main, 1999；平島，2017）。また，ネガティブな情動（感情）のみに結びついた特異的な適応行動システムという捉え方もある（MacDonald, 1992；数井・遠藤，2005；数井，2012）。その上で，ボウルヴィも晩年認めているように，愛着とは「特定の人との結ぶ情緒的な絆」と定義することが最も一般的といえるだろう（数井・遠藤，2005）。

　情緒，感情による絆の問題，あるいは感情発達の問題は，発達支援，発達臨床の現場で愛着障害，愛着の問題を抱えるこどもに等しく見られる重要な特徴であり，愛着障害の視点から，愛着に感情の問題は必須と言わざるをえない。発達臨床の現場から，そうした指摘も多い（北川，2013；上地，2015）。しかしながら，その形成システムについては研究者によって視点が異なっている。ここでは，筆者が長年，発達支援，発達臨床の現場で，たくさんの愛着障害，愛着の問題を持つこどもの支援をしてきた実績から，愛着の機能を次のように再定義してみたい。その上で，その機能の問題がどのような愛着の問題として現れるかを指摘してみたい。

（3）愛着形成の3基地機能

　愛着障害の愛着修復，支援の視点から，愛着形成は次の3つの基地機能の育成に整理して考えることができる。まず，①安全基地（secure base）機能である。これはボウルヴィ，エインスワースが指摘し，数井・遠藤（2005）が，ネガティブな感情の処理システムとしたもので，恐怖，不安というようなネガティブな感情から「守る」機能である。

　この安全基地機能に加えて，感情的な暖かさ，愛情の要素を含んだ機能として②安心基地（relief & relax base）機能の重要性を指摘したい。secureを安心と訳したり，安全の感覚（sence of secure）を安心感とする研究者もいるが（北川，2013等），それと明確に区別したい。安心基地機能とは「その人といる

と落ち着く，ほっとする，癒やされる，気が楽になる，ポジティブな感情」をも生む機能である。誰かとの「つながり感」がこの機能のポイントとなる。後述するように，この「安心」の感情をどこでも誰にも得られないことが，愛着障害，愛着の問題を抱えるこどもの特徴に如実に表れているのである。

さらに，③探索基地（search base）機能を獲得することで愛着形成は自立にとって必要不可欠なものとなる。まず探索基地機能が働くには，「安全・安心基地から離れる」「安全・安心基地に戻る」という2つの条件が必要である。愛着の問題として，就学前の現場では，前者では，安全・安心基地から離れられない，離れることを不安視する母子分離不安の問題が増えている（その一部は学校では安全・安心基地から離れられないタイプの不登校として現れる）。また，親が保育所に迎えに来るとわざと逃げて素直に帰ろうとしない「お迎え逃避」現象も増えている（学校現場では深夜徘徊，放浪という家に帰れない問題として現れる）。これらは安全・安心基地機能不全の問題であり，探索基地機能を期待できない状態を表している。安全・安心基地機能が確立しているかは，そこから離れる際「いいよね？」と確認する参照視（referential looking）が生じているかで確認できる。こうした当たり前の確認行為が肝要なのである。

探索基地機能の本質は，戻ってきたとき，自分の行動・経験を「報告」することで，自身の感情が変化することにあるといえる。安全・安心基地機能とともに行わなかった行動・経験を報告したくなるのは必然のことであり，それを共有することで，ひとりで経験したとき感じた，嬉しい，楽しい等の「ポジティブな感情」はより増大し，怖い，悲しい等の「ネガティブな感情」はより減少するという効果をもたらすのである。この機能があるから，こどもは，さまざまな意欲を育み，嫌な経験をしてもそれを乗り越えていけるのである。このように，探索基地機能は安全基地を元に探索するだけではない積極的な機能として位置づけられるのである。

（3）愛着形成は様々な機能連関の基盤

以上のように愛着形成過程を位置づけると，愛着形成が，自立行動の意欲の基盤となっており，様々な能力獲得の基盤ともなっていることに気づかされる。参照視という関係性を意識した行動は愛着形成の確認でもあり，自立活動の意

欲の源泉にもなっている。そのことは，たとえば，こどもの意欲は教師に認められることで培われている現象（米澤，2012；宮崎・米澤，2013等）でも確認できる。自他の行動を自他の心的状態から理解するメンタライジング（mentalizing）機能（Allen et. al., 2008等）の基盤にも愛着形成がある（上地，2015）。一方，これらの基地欠如感は，人間関係，集団適応の問題，規範行動からの逸脱，攻撃性と関連している（米澤，2015）。さらに付け加えるなら，災害被災後のトラウマ克服にも愛着形成は重要な影響を与えており，愛着の問題はその克服を長引かせるだけではなく，被災によって元々持っている愛着の問題は増幅されるのである（米澤，2017）。

2　愛着障害をどう捉えるか？

（1）愛着障害と発達障害を峻別する

　発達支援，発達臨床の現場で，愛着障害と発達障害が混同され，適切な支援につながらない現状が問題となっている。発達障害は，先天的なこどもの脳機能障害であるのに対して，愛着障害は後天的なこどもとかかわる特定の人との関係性の障害である。正しくこどもの特性を的確に理解するためには，図1-1に示すように，どのような状況で，行動・認知・感情のどの機能の問題として

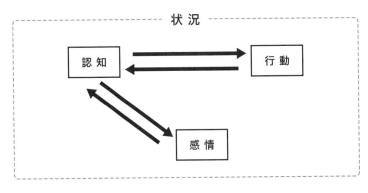

図1-1　こども理解のポイント

生じている現象を意識したアセスメントが必要である。

　たとえば，多動という特徴は，注意欠如多動性障害（ADHD），自閉症スペクトラム障害（ASD）という発達障害でも，愛着障害（AD）でも見られる。従って，多動という特徴があればADHDと短絡的に理解してはならない。その多動が，居場所感の欠如（居場所感がいきなり剥奪される，あるいは，居場所感が見つからない場合）という認知と連動して生じていれば，ASDの可能性が高い。また，感情（特にネガティブな感情の場合）と連動して生じていれば愛着障害の可能性が高い。ADHDの多動は，認知や感情に左右されず，状況にも影響されず「いつも」起こるのに対して，愛着障害の多動は，変化しやすい感情が原因であるから，「ムラのある」多動が特徴なのである。

　また，片付けができないように見える現象は，ADHDでも，愛着障害でも起こるが，原因が異なる。ADHDの場合は，「片付ける」という一連の行動を最後まで行う実行機能の問題から，片付ける行動が身につかない。しかし，愛着障害の場合は，「片付けたら気持ちがいい」「片付けたい」という感情，意欲が育っていないことが原因なのである。規範行動も同様に，ADHDではルール遵守意識はあるが，行動制御の問題から規範逸脱行動をしてしまうが，愛着障害では，「ルールを守ればどんなポジティブな感情になるか」がわからないから，感情コントロールが困難な故に規範逸脱行動に終始するのである。

（2）愛着障害の3タイプ

　愛着障害のタイプは，ICD-10（世界保健機構・国際疾病分類第10版），DSM-5（アメリカ精神医学会・精神障害の診断と統計の手引き第5版）等の精神医学界の診断基準で指摘されているものに加えて，発達支援・発達臨床の現場で，もっとも気になる，支援困難のケースとして見出されるタイプを加えて，次の3タイプに区別して考えるべきだろう。

　まず，①脱抑制タイプは，脱抑制対人交流障害（Disinhibited Social Engagement Disorder）と呼ばれ，誰に対しても対人無警戒，慣れ慣れしさ，過剰な身体接触を特徴とし，叱ることにより，叱られてもかまってもらったと思って，不適切行動が余計増えるタイプである。②抑制タイプは，反応性愛着障害（Reactive Attachment Disorder）と呼ばれ，人間不信のため，誰に対し

ても警戒し，かかわろうとせず，人が近寄ってくることも忌避する特徴があり，叱ると，以後，人間関係が一切遮断されることもある。抑制タイプでは，特に前から人が接近することに一番警戒し拒絶しやすい。後ろからは少し拒絶感が低下する。従って，感情的に混乱した場合，前から抱き止めるより，後ろから抱く支援の方が落ち着きやすい。それより適切な支援の立ち位置は「横に寄りそう」である。直面せず，同じ方向を向いて，必要最低限の確認をすることが，何より警戒感を生じさせにくい。この立ち位置は，脱抑制タイプにも効果的で，前から近づいて，過剰なかかわり欲求を喚起するより，後ろから支えたり，横に寄りそうことで，安心を与えやすいのである。

第3タイプとして指摘したいのが，③ASDと愛着障害併存タイプである。残念ながら現在の精神医学界の診断基準では，ASDと愛着障害の併存診断は認められていない。しかし，このタイプが明らかに存在すること，診断基準の不備が，このタイプをADHDと誤って診断，理解されやすいことを指摘できる。そもそも先天的脳機能障害であるASDと後天的に生じる関係性障害である愛着障害が併発されることは当然あり得ることである。自他の感情認知が苦手なASDの場合，愛着形成やメンタライジング，感情発達の問題を持ちやすいのである。

(3) ASDと愛着障害併存タイプの理解

この第3タイプはまず，普段の特徴として，室内でフードや帽子をかぶる，不必要なマスクを着用する，カーテンやロッカー，机の下に隠れる等の「籠もる」という特徴を持つ。この行動は，安全・安心基地，居場所感を「籠もる」ことでしか確保できない状態であることを表している。そして，泣き止まない，かかわりにくい等の親の育児困難感を伴うことが多い。この安全・安心・居場所感の確保が困難となり危機感を感じた場合，その現れ方によって，次の2つの亜タイプに分けられる。

（a）［執拗で］［フラッシュバック的］［パニック的］攻撃タイプは，特定の対象への攻撃や特定の攻撃行動が繰り返し生じ，あることがきっかけで突然，ネガティブな感情が襲ってきて（表情が突然変化する場合が多い）突然，攻撃する（その場だけを見ていてはその原因が見つからないことが多い），制止しよ

うとするほど、大変、感情的に混乱したパニック的な大暴れが生じる。この現象が「衝動的攻撃」と誤解されADHDであるとされやすいのだが、これは感情の問題を伴わないADHDの衝動性の特徴ではないのである。ADHDには攻撃性の特徴が元々はなく、不適切なかかわりが二次障害として、愛着障害として攻撃性を獲得している場合もあるが、その攻撃性に対して、反抗挑戦性障害、間歇性爆発性障害という診断が出ていることもある。これも適切な理解とはいえないのである。安全基地・安心基地・居場所感の危機に対して、ネガティブな感情コントロールができないことによって生じる、感情混乱が関与するコントロール不能な攻撃として捉えるべきなのである。

（b）[固まる（一時的シャットアウト）]タイプは、一時的に一切のコンタクトを拒否しシャットアウトをする。抑制タイプがシャットアウトを起こすと、その遮断は数か月～数年と長い場合も多いのに対して、このシャットアウトは一時的で30分～数時間であることが特徴である。一時的に居場所感の危機回避をしている状態であるからである。従って、（a）タイプの攻撃性も正面から制止、制圧しようとしなければ、そして、第8章で述べる方法を用いれば、比較的早く収まるのである。

この第3タイプの存在は、今まで対応したたくさんの事例において、ある法則を発見したことによって証明される（米澤，2015；2016a；2016b）。ASDは自閉・自閉でないという1か0の診断が適切でなく、程度の差であるスペクトラム障害であることがようやく認定された。しかし、愛着障害も、愛着障害かそうでないかの1か0ではなく、程度の差であるスペクトラム障害であることは、残念ながらまだ認定されていない。愛着障害をスペクトラム障害と捉えると、こうした第3タイプのこどもの攻撃性やシャットアウトの問題の現れ方は、それぞれの特性のかけ算の答え（[自閉の程度]×[愛着の問題]）と等しいというのがその法則なのである。また、このタイプを想定し、愛着形成・修復の支援をすることで、さまざまな行動の問題が解消することでも証明されるのである。

（4）愛着の問題がこどものどのような行動に現れるのか？

愛着障害、愛着の問題を抱えるこどもはどのような行動をするのか、愛着の

問題発見ポイントとしてまとめたもの（米澤，2015；2016a；2016b）をここでは，3基地機能，感情の問題等，原因別に再編してみよう（表1-1）。

ネガティブな感情から守る安全基地機能が働かないため，多動という行動につながる（後述するように安心基地も関与する）。抑制タイプでは，人を避ける対人忌避行動で安全を確保しようとする。高い所に登る（ネガティブな感情から守られる機能がないため危険な行動をするのであって，DSM-5がADHDの行動特徴としているのは不適当である。後述するように結果として安心基地も関与する），モノを投げるという危険な行動は安全基地欠如が原因である。酷いケガをした場合，泣かない，痛がらないのは，痛がっても誰も助けてくれないと思う安全基地欠如感から来ている。不適切な行動を自分がしたと絶対に認めない自己防衛（してないとウソをついたり大泣きしたりする）も誰も自分を守ってくれないという安全基地欠如感から自分で自分を守ろうとしている現象である。

ポジティブな感情を生む安心基地機能の問題は，安心を求めて，多動（安心基地があれば多動になる必要がない），モノを手で触り，口に触れさせ，足や身体を床に接触させるために靴や靴下を脱ぎ（ASDでは知覚異常が理由で脱ぐが，愛着障害では，脱ぐ開放感と床への接触感を求めたものである），寝転ぶ，這い回るという行動につながる。脱抑制タイプの過剰な身体接触も安心を求めてのものである。高所に登るという危険な行動にも安心基地のなさが結果として影響している。姿勢・しぐさの乱れ，服装の乱れは安心基地機能の欠如による感情の不安定さが現れているものである。注目をされたいアピール行動，叱られるかどうか相手の対応を試さないと不安になる愛情試し行動，要求が入れられてももっと欲しがる愛情欲求エスカレート現象は，ポジティブな感情や満足感を誰とも感じることができていない安心基地の問題の現れである。

探索基地機能が機能していないから，自己防衛に失敗すれば，報告してネガティブな感情を減らすことが期待できない，むしろ増幅されると危惧するため，よくない記憶を抹殺してしまう解離が生ずるのである。自己評価が低いのは，成功体験を報告してポジティブな感情を増加させられなかったためで，それを素直に受け入れ，意欲のない自信喪失状態であるのが自己否定タイプである。一方，自己評価の低さを受け入れられず，誰かを注意，指摘して，あるいは，モ

表1-1 愛着の問題の現れ方

[1] 安全基地の問題：	①多動
	②抑制タイプの対人忌避（人を避ける）行動
	③危険な行動（高所・投擲・痛さへの鈍感）
	④自己防衛（自己の責任を認めない・他責・攻撃）
[2] 安心基地の問題：	①多動
	②モノをさわる・モノに囲まれる
	③口にモノや指等を入れる
	④床への足や身体の接触
	⑤脱抑制タイプの無警戒，過剰な身体接触
	⑥姿勢・しぐさ・服装の乱れ
	⑦危険な行動（高所）
	⑧愛情欲求行動（注目アピール行動・愛情試し行動・愛情欲求エスカレート現象）
[3] 探索基地の問題：	①自己防衛失敗による解離（不都合な記憶を消す）
	②自己評価の低さ（自己否定/自己高揚＝優位性への渇望）
[4] ネガティブな感情の紛らわせ行動：	①モノを振り回す
	②モノや身体の一部，人を噛む
	③靴，着衣等を脱ぐ
	④危険な行動（高所・投擲），遺糞・遺尿
	⑤攻撃，反抗的行動

ノを与えたりして，自己の優位性を渇望してしまうのが自己高揚タイプである。これが昂じると，人に命令，支配することでのみ自己評価を上げられると感じてしまうことになる。

　ネガティブな感情を紛らわせるためには，モノを振り回す，モノや身体の一部や他者を噛む，靴，靴下，服等を脱ぐ，高所，投擲等の危険な行動，遺糞・遺尿という行動等が行われるのである。正面から自己を否定，攻撃されたと感じたとき，その相手を反抗的に攻撃するのはそこで生ずる嫌な感情を紛らわせるためであり，理由もなく他者を攻撃するのは，他で生じた嫌な感情を攻撃することでまさに紛らわせているのである。

3 発達支援・発達臨床と発達理論の関係
——支援のための発達心理学とは?

このように愛着障害,愛着の問題の現れ方は愛着形成のメカニズムと密接に関連しており,両者を結びつけて理解することが愛着形成のメカニズムの詳細を明らかにすることにつながり,それが愛着障害の支援,愛着形成,修復支援に活用できるようになるのである。こうした発達支援・発達臨床と発達のメカニズムの関連意識こそが,支援のための発達心理学の基盤となるのである。

【文　献】

Ainsworth, M. D. S., Blehar, M. C., Waters, E., & Wall. S. (1978). *Patterns of Attachment: A psychological study of the Strange Situation.* Hillsdale, NJ: Erblaum.
Allen, J. G., Fonagy, P., & Bateman, A. W. (2008). *Mentalizing in clinical practice.* Washington, D.C.; American Psychiatric Publishing.（狩野力八郎(監修)上地雄一郎・林創・大澤多美子・鈴木康之(訳). (2014). メンタライジングの理論と臨床　北大路書房）
青木紀久代. (2017). 愛着(アタッチメント)理論の成り立ちと発展. 精神療法. 43, 467-473.
Bowlby, J. (1988). *A secure base.* York: Basic Books.
遠藤利彦. (2010). アタッチメント理論の現在. 教育心理学年報. 49, 150-161.
平島奈津子. (2017). 「愛着障害」の流布と,概念の混乱. 精神療法. 43, 463-466.
上地雄一郎. (2015). メンタライジング・アプローチ入門：愛着理論を生かす心理療法. 京都：北大路書房.
数井みゆき・遠藤利彦. (2005). アタッチメント：生涯にわたる絆. 京都：ミネルヴァ書房.
数井みゆき(編著). (2012). アタッチメントの実践と応用：医療・福祉・教育・司法現場からの報告. 東京：誠信書房.
北川　恵. (2013). アタッチメント理論に基づく親子関係支援の基礎と臨床の橋渡し. 発達心理学研究. 24, 439-448.
Main, M. (1999). Attachment theory: Eighteen points with suggestions for future studies. In J.Cassidy. & P. R. Shaver(Eds.) *Handbook of attachment: Theory, research, and clinical applications,* pp.845-888. New York: Guilford Press.
MacDonald, K. (1992). Warmth as developmental construct: An evolutionary analysis. *Child Development.* 63, 753-773.
宮﨑純一・米澤好史. (2013). 小学生の学校生活における意欲特性,因果性の所在認知及び認知された教師の取り組み・印象の関連. 和歌山大学教育学部教育実践総合センター紀要. 23, 21-33.
米澤好史. (2012). こどもの学習意欲・人間関係に与える受容の効果-調査研究と発達障害への支援事例から導かれる「愛情の器」モデル. 和歌山大学教育学部紀要. 62, 1-8.
米澤好史. (2015).「愛情の器」モデルに基づく愛着修復プログラム：発達障害・愛着障害

現場で正しくこどもを理解し，こどもに合った支援をする．東京：福村出版．
米澤好史．(2016a)．愛着障害・愛着の問題を抱えるこどもの理解と支援：愛着の問題のアセスメントと「愛情の器」モデルに基づく愛着支援プログラムによる支援．日本学校心理士会年報．8，17-28．
米澤好史．(2016b)．愛着の問題を抱えるこどもの理解と支援: 愛着障害と発達障害の違いと対応．学校教育相談．30(7)，22-27．
米澤好史．(2017)．愛着の視点からの支援：発達の課題を抱えるこどもへの長期的な支援．日本臨床発達心理士会第13回全国大会・実践セミナーA-6（災害支援委員会企画）「臨床発達心理士としての組織的な災害支援のあり方―災害支援委員会の組織と支援の方向性について」(つくば国際会議場)，63-64．
米澤好史．(2018)．やさしくわかる! 愛着障害：理解を深め，支援の基本を押さえる．東京：ほんの森出版．

第Ⅰ部　愛着理論と支援の基本

第2章 愛着の視点からの支援
——身体心理学の立場から

山口　創

1 はじめに

（1）身体心理学とは

　本稿では身体心理学の立場から，愛着の形成について述べ，子ども虐待の予防やトラウマをもつ子どものケアについて考えてみたい。

　まずは身体心理学の立場から，「体」，「心」，「頭」の3つの関係について説明する。身体心理学とは簡単にいえば，心と体の関係について，動きを機能的に扱い，動きが気分や情動に与える影響を明らかにする心理学である（春木・山口，2016）。例えばJames-Lange説（James, 1892）では，「泣くから悲しくなる」というように，身体の動きを心の原因と捉え，心の変化はその結果であると考える。身体心理学でもこの因果関係のアプローチで心を追及する。皮膚や皮膚感覚と心の関係も，この因果律で捉えることができ，本稿ではこのアプローチで愛着について述べていくこととする。

　「体」，「心」，「頭」の関係は，図2-1A（図左側）のように示すことができる。まず心と体の関係であるが，前述のように心は身体や動きの結果として生まれると捉えるため，体という土台の上に心があることになる。次に心の要素のうち，その基盤になっているのは，五感の「感覚」である。感覚は体の生理的変化によって生じるものであると同時に，心理的に感じられるものであるため，体と心が混とんと入り混じっている。そして感覚が元になって「感情」が生まれてくる。例えば「手を温めると，心が温かくなる」（Williams & Bargh, 2008）ことからもわかる。本来であれば情動や気分も「心」に含まれるが，ここでは省略する。そして最上部に認知的な機能である「頭」がくる。だから私

たちが理性的に冷徹に認知しているように思っていることでも，実際には身体の動きや感情などの，より下部からの影響を大きく受けている。これをボトムアップという。

（2）愛着の形成

このような身体心理学の立場から考えると，愛着の形成にとって重要なことは，まずは乳幼児期に養育者に繰り返し抱っこされるというボトムアップの経験となる。このことを図2-1 B（図右側）で説明したい。赤ん坊が養育者に繰り返し抱かれる体験は，皮膚の接触という体を通した体験である。そこで生じる皮膚を温められる「皮膚感覚」は脳の視床や島などの中脳に届く。そして赤ん坊は優しく抱かれるたびに安心や快といった「感情」が大脳辺縁系や視床下部で生まれる。こうして温感や触覚の「感覚」と安心感や快感の「感情」が結びつくことになる。それはさらに，不安な時には「親はいつでも自分を守って安心させてくれる存在だ」という表象や認知のスキーマとなって最上位の「頭」すなわち大脳新皮質に作られていく。

先に紹介したウィリアムズとバーグ（Williams & Bargh, 2008）も，幼少期に養育者から繰り返し肌を温められる体験が，その後の温かい対人関係に影響を与えるとして，ボゥルビィ（Bowlby）の説を支持している。

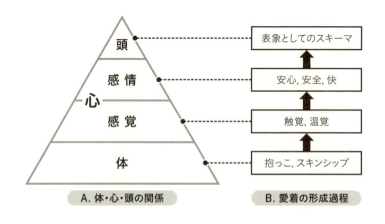

図2-1　身体心理学の視点と愛着の形成

ところが不安定な愛着が作られる場合はどうか。もしも不安な気持ちのときに，抱っこされて慰められなかったとしたら，触覚や温感などの「皮膚感覚」と，安心や安全といった「感情」を結びつける神経の結合は作られない。

またもしも抱っこされたとしても，冷たく機械的な抱っこだったとしたらどうだろうか。それは皮膚感覚と「不安・不快」の感情が結びついてしまう。それは将来にわたり，触れられる感覚によって不快な気持ちが湧いてしまうことになる。そしてそれはさらに「自分は親に愛されていない」というスキーマを形成し，そこから般化し，「自分は誰からも愛されない」といった自己否定感を生んでしまう。これが不安定な愛着である。

2 愛着の研究

発達心理学の分野で愛着研究のパイオニアである，イギリスの児童精神科医であったボウルビィ（Bowlby, 1969）は，子どもは危機的な状況に直面して，不安や怖れなどのネガティブな感情を感じた時，養育者などの特定の人にしっかりとくっつくことで，安心や安全の感覚を回復しようとする傾向があることを発見し，これを愛着とよんだ。そしてそのために必要な要素として，接近して身体接触をすることが重要な要素であると指摘した。

このような「接触による慰め（contact comfort）」という理論を最初に示したのは，ハーロウ（Harlow, 1958）である。ハーロウは赤毛ザルの一連の実験を通して，赤ん坊が安心を感じ安全を再確認するための要素として，身体接触が重要であることが示した。

確かに赤ん坊が危機的な状況におかれ不安を感じた場合，身体接触はそれを慰めるためのもっとも効果的な手段ではある。しかし，エインスワースら（Ainsworth et al., 1978）は，日々の生活の中で愛着に影響を与えるのは，むしろ身体接触の質であると主張した。

3 愛着とタッチング

エインスワースらは，安定型の愛着の子どもの母親は，不安定型の子どもの

母親よりも，子どもに優しく愛情あふれるタッチを頻繁にしていることを発見した。具体的には，安定型の子どもの母親は，不安定型の子どもの母親よりも，子どもを愛撫し，キスし，ハグする頻度が高かったという。それに続く研究でも，安定型の子どもの母親は，温かく情緒あふれるタッチが多いことが示され，当初の研究結果は支持されている（Bates et al., 1985）。

その後カールソンら（Carlson, et al., 1989）の研究では，不安定型の愛着をもつ子どもの母親と，非組織化型の愛着をもつ子どもの母親は，子どもへのタッチが拒否的で，怒りに満ちた，ぶっきらぼうな特徴が多いことを特定した。

さらに行動観察による研究では，アニスフェルドら（Anisfeld et al., 1990）は，新生児と母親をランダムに2群に分け，実験群23組はおんぶ紐，対照群26組にはベビーキャリーを与え，各々の運搬具を毎日使うように求めた。

そして1か月ごとに母親へのアンケート調査を行うのと同時に，子どもの行動観察も行った。その結果，おんぶ紐を使って肌の接触が多い母親は，赤ん坊の啼泣に対して，一貫してより敏感に反応することがわかった。そして13か月後の検査では，そのように肌の接触が多い赤ん坊の方が，安定型の愛着スタイルになる傾向が高いことを示している。

この結果から，ハーロウの実験のように，人間でも養育者との肌の接触が愛着に大きな影響を与えているのは確かである。

では，どのような肌の接触が愛着に影響を与えるのだろうか。ウェイスら（Weiss et al., 2000）は，生後3か月の乳児130人に対して，母親が食事をさせている場面を観察した。そして生後1年の時点では，児に対してQ-set（Waters & Deane, 1985）を行い，愛着の質について測定した。その結果，赤ん坊の安定型の愛着スタイルと関係があったのは，母親のなでたりキスやハグをしたりするといった，愛情のこもったタッチの量であることがわかった。

それではこのような愛情のこもったタッチングによって何が起こるのだろうか。

4 オキシトシンとは何か

人に触れたり抱きしめられると，視床下部ではオキシトシンという神経伝達

物質が産生される。オキシトシンは，もともとは陣痛促進など産褥期の女性の体内ではたらく女性ホルモンとしての役割がある。

しかしそれ以外にも脳で神経伝達物質としてはたらく作用があることが，最新の研究からわかってきた（Kosfeld et al., 2005）。それは母子の絆や，信頼や愛情などの社会的行動に複雑に関わっている。オキシトシンが分泌されると，副交感神経が優位になり，人は心身ともにリラックスし，ストレスが軽減する。

さてオキシトシンは，人工的に生成することができるため，薬として脳に入れることで，その効果を検証するという方法論が多くの研究で用いられている。しかしそもそもは，マッサージなどの身体接触をすることで脳内で生成される物質である。

またオキシトシンは，単なる触覚刺激によって機械的に分泌されるものではなく，相手のことを慮るという優しさや思いやりといった心理的要素が決定的に重要であることもわかってきた（山口・秋吉，2015）。

ここで前述のウェイスらの研究，すなわち愛情あふれるタッチにより，子どもの愛着が安定型になる，という結果について再度考えてみる。それはオキシトシンの機能からすると，愛情あふれるタッチによって，母親のオキシトシンの分泌が高まり，それは子どもの表情の読み取りを敏感にさせた（Van Ijzendoorn, & Bakermans-Kranenburg, 2011）ことが第一にあげられる。そのような敏感性の高い母親の養育態度は，子どもの安定型の愛着スタイルを形成することにつながる（篠原，2015）。だからこそ，愛情あふれるタッチが子どもの愛着スタイルに影響を与えるのである。

5　幼少期の虐待でオキシトシンが減少

さて幼少期の被虐待経験は，その後の人生にわたって，心と体に多岐にわたり負の影響を与えてしまう。

不適切な養育はネガティブなタッチングの極端なものであるといえる。だから不適切な養育を受けた子どもは，タッチングをネガティブなものとして捉えてしまう傾向があり，成人後も触れられることに抵抗を感じるようになりやすい。

実際，幼少期に不適切な養育を受けた子どもは，成人後も健常者に比べオキシトシン濃度が低いこともわかっている（Heim, et al., 2009）。成人後も他者との信頼の絆を築きにくいことがわかる。

しかしそのような人でも，オキシトシン濃度は常に低いわけではない。

セルツァら（Seltzer et al., 2014）は，10歳前後の男女37人の不適切な養育を受けた子どもと健常児に，人前でスピーチをしてもらうというストレスを与え，その前後でオキシトシンを測定した。

その結果，不適切な養育を受けた女児は，ストレスフルな状況に遭遇すると，その後一時的にオキシトシンの過剰分泌が起こることがわかった。その傾向は，虐待を受けなかった児のパターンとは明らかに異なるものだった（図2-2）。

この結果は何を意味するのだろうか？

被虐待児の女児に関しては，ストレスフルな状況に置かれると，オキシトシンの過剰分泌が起こり，周囲の人と信頼の絆を築き生き延びようという戦略をとっていると考えられている。それに対して健常な女児，あるいは不適切な養育の有無に関わらず男児の場合は，ストレスフルな状況では交感神経の「闘争か逃走か」反応によって，闘うか逃げるかというように自分自身で解決しようといった違いがあるようだ。

不適切な養育を受けた子どもは，ストレスを受けたときに，優しく抱きしめ

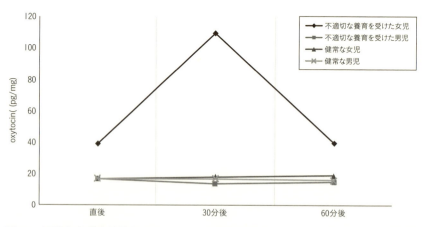

図2-2 不適切な養育体験とオキシトシンの過剰分泌（Selzer et al., 2014より一部改編）

られるような経験がなかったために，オキシトシンの過剰分泌が起こる。それは「脱抑制型の愛着障害」のように，無分別に人に信頼を寄せて生き延びようとする戦略をとることも関係があるだろう。

6　オキシトシンによる愛着の変容

　以上のように，幼少期の愛着スタイルはオキシトシンと密接な関係があることがわかるが，成人のアダルトアタッチメントまで，オキシトシンによって影響を受けることも明らかになってきた。

　ブクハイムら（Buchheim et al., 2009）は，不安定型の愛着スタイルを持つ26人の大学生にオキシトシンを吸入させたところ，その7割が安定型に変化していた。オキシトシンは脳の広範囲に働きかけ，特に偏桃体の活動を抑制して不安や恐怖を弱め，人と人との絆を強める働きをしている。この実験では，そのような心理的変化によって，安定型の愛着スタイルにつながったのだと考えられる。

　ただし，愛着スタイルはもともと心の深層に潜在化しており，人と関わるときに，人に対する考え方や価値観となってその姿を表すものだが，それ自体が安定型に変化したわけではない。このことは論文の筆者たちも注意を促している。予想していた通り，3週間後に全員に同じ実験を繰り返したところ，もとの不安定な愛着スタイルに戻っていたからだ。だから，オキシトシンを定期的に吸入して，常に脳の中でオキシトシンが高い状態でいれば，恒常的に安定型になる可能性は考えられる。

7　タッチングによるアプローチの問題点と課題

　愛着の問題はトラウマと関係が深い。だから不適切な養育を受けた子どもには，愛着の問題とトラウマの問題の相互作用という視点で問題を捉える必要がある（奥山，2008）。愛着の歪みがあり安全基地がよい形で形成されない子どもは易トラウマ性を持っており，そのような子どもが繰り返しトラウマを受けることでさらに他者を信じられなくなり，愛着形成に障害が生じるという悪循

環が形成されているという。

　したがって，不適切な養育を受けて児童養護施設に入所している子どもの治療として，ケアワーカーが身体接触を多くして安心感を育成することで，子どものトラウマの表現が促進され，そこに介入することでトラウマからの回復につながった例が少なくないという（奥山，2008）。

　またスミスら（Smith, et al., 1998）によると，性的虐待を受けた子どもの71％は，適切に触れられることで，自尊感情を回復することがわかった。

　不適切な養育体験によりPTSDを持つ子どもに対する触れるケアは，確かに有効であろう。ただし触れるケアは，上手く活用できれば確かに効果はあるが，一方では触れることは相手の心に無防備に侵入する行為でもある。いつでもどんな子どもにも同じように効果があるわけではない。

　この点についてプライス（Price, 2007）は，PTSDの患者にタッチングを行う際には，次のように繊細な態度が必要であるという。それは，①慈愛の心で中立的に話を聴くこと，②クライエントが自分自身を信頼して自らの脚で立てるように，特にセッションの最初と最後では，健全なバウンダリーの感覚を持たせることである。バウンダリーとは，相手との境界の感覚をきちんと築くことで，相手は相手，私は私としてきちんとした境界を設け，私はあなたの領域に立ち入るようなことはしないから安全だ，という感覚を持たせることである。さらに，③クライエントが快適か不快かといった状態を常にチェックし続けること，④カウンセラーではなく，クライエントがセッションをコントロールしているという感覚を持たせることが大事だという。クライエントはタッチされている間，あるいはその前段階であっても，不快を感じたらすぐにセッションをやめてもらえるという感覚が必要なのであり，単に受動的に我慢してでも触れられなければならない，と思わせてはならない。

　またトラウマと愛着の相互作用という点から考えると，タッチングなどの身体からのアプローチは大きな可能性がある。トラウマによる身体感覚の混乱が，自らのボディイメージの発達を阻害していることを考えると，タッチングや身体を同調させる関わり，身体の境界を確かめる対応などで身体像を養い，冷たい，温かい，心地よいなど身体の各部位の感覚を確かめるような方法によって，身体感覚の統合を促すことでオキシトシンの分泌も促され，安定型の愛着に変

容することにもつながるだろう。

【文　献】

Ainsworth, M. S., Blehar, M. C., Waters, E., & Wall, S. (1978) *Patterns of attachment: a psychological study of the strange situation.* Hillsdale, NJ: Erlbaum.

Anisfeld, E., Casper, V., Nozyce, M., & Cunningham, N. (1990). Does infant carrying promote attachment? An experimental study of the effects of increased physical contact on the development of attachment. *Child Development*, 61, 1617–1627.

Bates, J. E., Maslin, C. A & Frankel, A (1985) Growing Points of Attachment Theory and Research (1985), *Monographs of the Society for Research in Child Development*, 50, 167-193.

Bowlby, J. (1969) *Attachment and loss Vol.1: Attachment.* London: Newyork: Basic Books.（黒田実郎ほか（訳）．（1976）．*母子関係の理論　第1巻　愛着行動*．東京：岩崎学術出版社．）

Buchheim, A., et al., (2009) Oxytocin enhances the experience of attachment security. *Psychoneuroendocrinology*, 34(9), 1417-1422.

Carlson, V., Cicchetti, D., Barnett, D., & Braunwald, K. (1989). Disorganized/disoriented attachment relationships in maltreated infants. *Developmental Psychology*, 25, 525–531.

春木豊・山口創．(2016)．*新版　身体心理学*．東京：川島書店．

Harlow H. (1958) American. *Psychologist*, 13, 673.

Heim, C., Young, L. J.,Newport, D. J. et al., (2009) Lower CSF oxytocin concentrations in women with a history of childhood abuse. *Molecular Psychiatry*, 14, 954–958.

James, W. (1892) *Psychology*. Briefer course.（今田寛（訳）．（1992）*心理学　上下*　東京：岩波書店．）

Kosfeld, M., Heinrichs, M., & Zak, J. P. (2005) Oxytocin increases trust in humans. *Nature*, 435, 673–676.

奥山眞紀子．(2008)．愛着とトラウマ．庄司順一・奥山眞紀子・久保田まり（編著）．アタッチメント：子ども虐待・トラウマ・対象喪失・社会的養護をめぐって．pp143-176．東京：明石書店．

Price, C. (2007) Dissociation reduction in body therapy during sexual abuse recovery. *Complementary Therapy and Clinical Practice*. 13 (2), 116–128.

Seltzer, L., Ziegler, T., Connolly, M., & Pollak, D. S. (2014) Stress-induced elevation of oxytocin in maltreated children-Evolution, neurodevelopment, and social behavior. *Child Development*, 85(2), 501–512.

篠原郁子．(2015)．Sensitivityの派生概念と子どもの社会的発達：愛着研究からの展望．心理学評論．58（4），506-529.

Smith, E., Clance, P. R. & Imes, S. (Eds.) (1998) Touch in Psychotherapy: Theory, Research and Practice, New York: Guilford Press.

Van Ijzendoorn, M. H & Bakermans-Kranenburg, M. J. (2011) A sniff of trust: Meta-analysis of the effects of intranasal oxytocin administration on facerecognition, trust to in-group, and trust to out-group. *Psychoneuroendocrinology*, 37, 438–443.

Waters, E., & Deane, K. E. (1985) Defining and assessing individual differences in attachment relationships: Q-methodology and the organization of behavior in infancy and early childhood. *Monographs of the Society for Research in Child Development*, 50, 41–65.

Weiss, J. S. Wilson, P. Hetenstein, J. M., & Campos, R. (2000) The tactile context of a mother's caregiving: implications for attachment of low birth weight infants. *Infant Behavior and Development*, 23, 91-111..

Williams, E. L., & Bargh, A.J (2008) Science Experiencing physical warmth promotes interpersonal warmth. *Science*, 24; 322(5901): 606–607.

山口創・秋吉美千代. (2015). タッチングによる施術者への生理・心理的効果：オキシトシンによる検討. *第28回日本健康心理学会大会発表論文集*.

第3章 愛着の視点からの支援
―― 学校心理学の立場から

山崎　茜

1　はじめに

　近年児童虐待の増加や，子どもの貧困，劣悪な家庭環境により他者と愛着を形成する上で大きな影響を受け，身体的・精神的成長に様々な問題を抱える子どもの存在が注目されている。一方で，子育ての中で，保護者の過度な期待（抑圧）や支配が「善意の虐待」を生み，一見普通の（しかも高収入，高学歴，あるいは社会的ステータスの高い職種が多いとさえ言われている）家庭にも愛着が不安定な子どもが少なからずいることも指摘されている。このように育ちの背景から愛着に課題のある子どもが見受けられ，学校現場ではそうした子どもたちのおこす問題行動等への対応に教員が追われている実状がある。

　学校における問題行動等の背景に愛着形成上の課題があるケースが増加しているという実感を持っている臨床家は多い。現代の日本社会の様相を鑑みると，愛着に課題のある子どもを学校の中でどう支援していくのかが問われているといえよう。そこで本章では，愛着に課題のある子どもの学校適応や，効果的な支援の在り方について学校心理学の観点から解説する。

2　学校心理学とは何か

(1) 学校心理学の定義

　学校心理学とは，学校教育において児童生徒が学習・発達面，人格・社会面，進路面において出会う問題を解決し，成長することを促進する心理教育的援助サービスの理論と実践を支える学問体系である。またそのために，心理学と学

校教育の諸領域の知識や方法が統合されている。具体的には，①子どもの学習や発達および行動，人格に関する心理学的な，あるいは行動科学の理論と方法（大学院の領域科目として学校心理学・教授・学習心理学，発達心理学，臨床心理学を含む），②子ども，教師，保護者，学校組織に対する心理教育的援助サービスの理論と方法（大学院の領域科目として心理教育的アセスメント，学校カウンセリング・コンサルテーションを含む）③学校教育に関する理論と方法（大学院の領域科目として生徒指導・教育相談，キャリア教育と特別支援教育を含む）の3つが統合して構成される総括的な学問体系（「学校心理士」認定運営機構，2012）とされている。

　学校心理学ではこの3つの柱にのっとり，援助ニーズの大きな子どもだけでなく「全ての児童生徒」の援助ニーズに対する心理教育的援助サービスを行う。そのために心理発達・教育課題の困難に焦点をあてたサービスだけではなく，子ども達のより豊かな発達を促す予防・開発的な援助サービスも同時に展開することが求められる。つまり，個々の子どもの発達のレベルにあわせ，子どもの望ましい発達を支援する事が求められているのである。この時，子どもの発達のレベルを様々な側面からアセスメントする事が肝要になる。アセスメントが正確に行われ，個々の子どもの発達の様相を的確に把握する事で，実際に提供される心理教育的援助サービスが的確なものとなる。

(2) 学校心理学における心理教育的援助サービス

　心理教育的援助サービスとは，一人ひとりの子どもの問題状況の解決や危機状況への対応を援助し，子どもの成長を促進することをめざした教育活動である（石隈，1999）。心理教育的援助サービスは，教師，保護者，スクールカウンセラーによるチーム援助であり，チーム援助の担い手として「専門的ヘルパー（学校心理士，スクールカウンセラー，スクールソーシャルワーカー，教育相談担当・特別支援教育担当の教師や養護教諭などの心理教育的援助サービスを主たる仕事とする援助者）」，「複合的ヘルパー（全ての教師はこれにあたり，授業や特別活動，学級経営や部活動など，複合的な仕事に関連して心理教育的援助サービスを行う援助者）」，「役割的ヘルパー（子どもの保護者がこれにあたり，役割の1つとして心理教育的援助を行う援助者）」，「ボランティア的ヘル

パー（子どもの友人や地域住民など，自発的に援助を行う援助者）」が挙げられる。

また，心理教育的援助サービスはすべての子どもを対象としており，子どもの援助ニーズに応じて3段階の援助サービスを行う。一次的援助サービスとはすべての子どもを対象に行う発達促進的あるいは予防的な援助サービスである。二次的援助サービスとは，学校生活での苦戦がみられたり，転校など学校適応への困難や課題が予想されたりする子どもへの援助サービスである。この段階は子どもの問題状況を早期に発見し，問題状況のアセスメントを行いながら適時援助する予防的な援助サービスである。三次的援助サービスとは問題状況により特別な援助を個別に提供する必要のある特定の子どもへの援助サービスである。この段階では子どもに関わる各ヘルパーが援助チームを組み，子どもの状況について丁寧にアセスメントし，共通の援助方針にそって援助サービスを行うこととなる。

3　愛着の視点からの支援——学校心理学の立場から

(1) 学校で誤解されやすい愛着の課題と発達の課題とそのアセスメント

愛着障害の一種である反応性アタッチメント障害（Reactive Attachment Disorder，以下RAD）と脱抑制型対人交流障害（Disinhibited Social Engagement Disorder，以下DSED）は自閉スペクトラム症（ASD）や注意欠如多動症（ADHD），知的能力障害，抑うつ障害など，他の精神障害・疾患と表面的な行動では重なる部分があり混同されやすいが，必要とされる治療はそれらとは異なるために鑑別診断が重要である（山口・細金，2017）。また，障害名はつかずとも愛着に課題がある子どもも，対人的社会的能力に欠落を抱え，発達障害様の行動を見せる事が知られている。そのため発達障害との鑑別が難しく，本来は愛着上の課題が問題の背景要因であるにもかかわらず発達障害の問題として扱われ，結果として支援や介入の効果が見られないケースもある。こうした誤解が生じるのは，児童虐待によって被虐待児が計り知れない大きさのトラウマを受けた結果，子ども達の脳の発達が妨げられ，それによりコミュ

ニケーション上の問題や行動上の問題など「発達障害」の基準に類似した様子を見せる場合がある，あるいは，生来の発達障害の特性により保護者の不適切な養育行動が引き起こされた結果，愛着上の課題も併存する状態になる場合があるからである。愛着形成不全が子どもの発達に影響を与えることはすでに示したが，具体的な行動としては衝動性，多動性，貧困な自己イメージ，友だちをつくらない，反抗的，挑戦的，感情の行動化，慢性的な怒り，攻撃的行動，虚言等になって出現する（繁多, 2012）。こうした愛着上の課題による衝動性や多動性等は，注意の集中が困難で多動，衝動的といったADHDとの鑑別が難しく混同や混乱が生じやすい。また，友達をつくらないなどの行動は，子どもが対人交流にあまり興味を感じていないように見え，目線が合わない，他者の気持ちに対する理解が低い，といったASDとの鑑別が難しい。発達障害は脳機能や気質的要因，遺伝的負因がある障害と考えられていることから，発達障害との鑑別を行う場合には，生育歴における著しい虐待の事実の有無や，そうした行動が見られる関係性や場，時間帯等にムラがあるかどうかなどをポイントとしてアセスメントする必要がある。また，愛着に課題のある子どもを支援する場合にその行動様式にだけ目を向けていると診断を誤ってしまうために子どもの実態の観察や情報収集が重要である。

　しかし学校の中ではこのような実態の理解はまだ浅く，「友達をつくらない」「落ち着きがない」「授業に集中できない」といった行動様式のみに注目されがちである。そのため，このような行動が発達的な特性から来るものであると誤解され，結果，必要な愛着形成の支援が提供されないケースも散見される。そこで，こうした誤解を防ぐために学校心理学における心理教育的アセスメントが重要となる。心理教育的アセスメントでは，子ども達と彼らの教育環境に関するあらゆる情報がアセスメントの対象となる。心理教育的アセスメントでは，子どもや関係者との面接を通じた生育歴や学校生活などの聞き取りや，様々な場面での行動観察，これまでの記録や書類から得る情報，種々の心理検査，発達検査，学校環境や人的環境の情報を収集し総合的に判断してアセスメントすることとなる。こうした多面的なアセスメントを実施することで子どもの抱える困難が愛着の課題によるものなのか，子ども自身の持つ発達的特性の難しさに起因するのか，その双方が複合的な要因となっているのかなどといった，背

景要因の理解をふかめ，それが支援や介入を的確にすることにつながるのである。

（2）愛着に課題のある子どもと学校適応

学校適応とは，学校生活場面における個人と環境の調和であり，学校環境を構成する6つの側面から成り立っている。1つめに，学校適応の重要な側面として対人的適応が挙げられる。さらに，友人や教師との対人関係に自ら働きかけることも学校環境に適応する上で重要であるため，社会的スキルに対する適応感も学校適応の指標の1つとして含める必要がある。また，児童・生徒の学習に対する関心・意欲は学校環境と密接に関連した学校適応の一側面である。

学校環境の特定の領域に焦点化しない全般的適応も重要である。親との信頼関係や家庭環境などの学校環境外の要因も学校適応に影響する（谷井・上地，1994）。親との愛着関係は学校適応にとって重要である。例えば，親に対し困った時に安心感を持ち，援助を期待できるといった親との愛着関係が子どもの学校適応にとって重要となる。また，人や自分自身への信頼感は学校適応における友人や教師との対人関係面や，学習面，特別活動面，進路面といった個人的側面の適応感と関連していることも示されている（天貝・杉原，1997）。次節では愛着に課題のある子どもの対人的適応と学習的適応への影響を解説する。

（3）愛着に課題のある子どもの対人的適応

ここでは，愛着に課題のある子どもの対人的適応を教師との関係，友人との関係，社会的スキルという観点から概観する。

学校での対人的適応は教師との関係と友人との関係にわけられる。男女とも幼少期に両親に対する安定した愛着を感じられていると教師に対する信頼感が高まり，幼少期に両親に対する拒否的な愛着を感じていると教師に対する信頼感は低くなる（中井・庄司，2007）。また，友人との関係では，両親どちらかとの愛着が良好であれば親への愛着が作られ得るし，加えて友人とも心理的距離の近い関係を築ける（丹羽，2016）。愛着スタイルは被受容感や感情抑制に関連しており愛着スタイルが安定している者ほど，陽性感情も陰性感情も適度に表出できるが，回避的な愛着スタイルの者は喜びの感情を抑制しやすい。また，

愛着スタイルの回避傾向が高い者は対人関係において孤独感を感じやすく，被受容感を感じにくいことや，アンビヴァレント傾向が高い者は孤独感を感じ被受容感を感じにくいだけでなく，仲間はずれになることへの不安を感じている。安定型の愛着スタイルの子どもは，乳児期において養育者が情動への的確な応答をすることにより情動制御が行われ，幼児期以降はその情動制御の経験が愛着の内的作業モデルとして内在化され，ストレスフルな状況でも安定した情動制御行動をとることができる。そして，幼児期の愛着スタイルは成長しても連続して対人関係や情動を規定しており，回避型の子どもは攻撃という負の情動が起こった時に，攻撃性の情動を表出せずに抑圧する一方，アンビヴァレント型の子どもは攻撃性を抑制せず明白な表出をしていく。

　また，子どもが十分なソーシャル・スキルを遂行するには，それ以前の段階で形成される内的作業モデルが回避傾向とならないように，または安定傾向を促進するように機能することが必要である。安定した愛着スタイルが形成できていない場合，子どもの情動や対人関係行動に様々な影響を及ぼすことをふまえ，愛着に課題のある子どもの学校における対人適応支援を行う必要がある。

（4）愛着に課題のある子どもの学習的適応

　一方，学校適応において学習的適応のよさも重要となる。児童期における愛着関係が内的作業モデルに影響し，それは児童の学習的適応に影響を与えている。児童期においては愛着関係が安定していることが対人関係性に影響を及ぼし，学習意欲を促進する上で重要な要因となるのである。また，龍ら（2015）は，児童期の子どもの愛着モデルの不安定さは学業的延引行動との間に有意な正の相関があり，学業以外の魅力的な活動が競合することにより学業的な課題への集中力が乏しくなり勉強を後回しにしやすいとしている。例えば，回避型の児童は学校の集団学習場面において自らが発言したり仲間の意見を聞いて学習活動を行ったりすることに興味や関心を示すことが少なく，その結果内発的な動機づけが乏しくなり，学業的延引行動が生じやすくなる。一方アンビヴァレント型の児童は授業場面で他者からの賞賛等の肯定的評価を求めて授業に参加しようとする反面，失敗等への恐れが生じやすかったり，実際に失敗した場合にそれを咎められたと容易に認知しやすく情緒的混乱を引きずりやすくなっ

たりし，このような情緒的不安定さが，学業に適切な時期での取り組みや完了を不必要に遅らせてしまう。

実際の臨床場面の報告からも，愛着に課題のある子どもが学校でも勉強に集中できず学力的にも問題が生じたり，授業中の立ち歩きや授業妨害を行ったり，何事に対してもなげやりで学校での授業や行事にも参加しない様子が示されている（古田，2011；宮内，2016；香山，2016）。愛着に課題のある子どもへの支援を考える時，学習に向かうだけの心的エネルギーを補いながら学力補償への取り組みも行っていくことが，愛着に課題のある子どもの学習的適応のためには必要となる。

4　愛着に課題がある子どもへの支援

ここまでに愛着に課題のある子どもの学校適応について概観してきた。これらをふまえ，愛着に課題のある子どもの学校適応を促す支援について学校心理学の観点から検討する。

（1）愛着に課題のある子どもへの心理教育的援助サービス

学校での心理教育的援助サービスとしては，米澤（2013）の「愛情の器」モデルの愛着修復プログラムの実践が挙げられる。このプログラムでは，愛着関係は必ず生母が担わなくてはいけないものではなく，父，祖父母，保育士，教師，支援者など誰でも担え，いつでも愛着関係を取り戻したり修復したりすることは可能であるとして，学校園所での愛着対象としてのキーパーソンを決定し，その人との「一対一の対応」を促進するキーパーソンにつなぐ体制をチームとして構築する。そして，キーパーソンとともに学習したという意識を持たせながら，「何をしたら：行動」「何に気づき：認知」「どんな気持ちになったか：感情」を教える感情学習を行う。そして，大人が主導権を握り，子どもが受けた愛情を適切に貯められるように「愛情の器」をつくり，行動の修正や望ましい行動の持続を目指すというプログラムである。

虐待や不適切な養育の増加は日本国外でも問題となっており，海外でも愛着に課題を持つ子どもたちに支援を提供する取り組みがいくつかある（藤岡，

2015；久保田，2013など）。小玉ら（2015）はその中の1つとして，イギリスにおいて学校と専門機関が連携して愛着に課題のある子どもを支援しているThe Nurture Group Networkの取り組みを取り上げている。The Nurture Group Networkでは，The Nurture Group Networkから派遣されたスタッフと学校内の教師がペアとなり取り組みを行っている。この取り組みの中では「社会的・情緒的・行動的に困難を抱える子どもたちを支援すること（小玉ら，2015）」が目的とされており，教室環境を家庭的な安心感を伴うように再構築し，養育修復体験ができるようにカリキュラムが工夫されている。また，虐待を受けている子どもと学校の現場で接する時に，まずは子どもの状態をきちんとアセスメントすることが必要であるが，この取り組みの中ではBoxall Profileという子どもの状態のアセスメントシートが活用されており，支援に携わる関係者の子ども理解や支援方針の一致に役立てられている。心理教育的アセスメントが愛着に課題のある子どもへの支援において要になることは既に解説したが，それに基づき，福祉と教育や保育が連携して支援を展開することが重要である。

（2）専門的ヘルパーの効果的な活用

これまでに述べてきたように，児童虐待等の不適切な養育は子どもの発達に重大な影響を与える。しかし友田（2016）は，子どもの脳とこころを守るためには，子どもたちの安心・安全を確保し，愛着を再形成することや，生活支援や学習支援も必要であるとしている。そして，脳の傷は決して治らない傷ばかりではなく，環境や体験，ものの見方や考え方が変わることで脳も変化するとしている。また，子どもの脳は発達途上であり，可逆性という柔らかさを持っており，専門家によるカウンセリングや心理的な治療，トラウマに対するこころのケアを早期に行うことが有効であることを示している。友田によるとトラウマによる傷つきが回復するためには安心・安全な環境があることや，心理教育を通した自分に起きていることの理解，過去の体験や感情を安全な場で表現すること，健康に生きるためのライフスキルを習得することが重要である。

ここで，子どもが通っている学校内で，安心で安全な居場所を提供しながら，カウンセリングやこころのケア，心理教育やライフスキルのトレーニングを提

供することができる存在として，学校心理士やスクールカウンセラー（以下，SC）がいる。愛着に課題のある子どもに対し，早期にこのような専門的なケアにつなげることが愛着に課題のある子どもの支援において効果的であろう。また，子どもに支援を行おうとする時，子どもの状態のアセスメントがきちんと行われていることが重要だが，愛着に課題のある子どもの行動様式が発達障害を持つ子どものそれと近似しており，誤解や混同を招きやすいことも示してきた。SCは普段の子どもの行動観察を直接行い，担任や校内の他の教職員と連携し，家庭環境，保護者の様子，学習や宿題・提出物の様子や夜間・休日の過ごし方等の情報を収集することができる。そして，情報と自身の持つ心理学的専門知識と合わせて，子どもの問題行動の背景をより正確に理解しやすく，発達障害との混同や誤解の少ないアセスメントを行うことができると考えられる。

　一方で，愛着に課題のある子ども支援において，そうした愛着上の課題を産む養育環境への介入は欠かすことができないものである。こうした支援を可能にする存在として，スクールソーシャルワーカー（以下，SSW）がいる。虐待問題への対応には，学校・児童相談所・その他の児童福祉関係機関との協力体制が必要不可欠であるが，関係機関が増えるほど，子どもへの支援体制が強固になる一方で情報の交錯や役割分担が混乱するなどの問題も生じることがある。また，支援においては正しい状況理解・問題の整理と共有・一致した支援方針の確立などが重要なポイントとなるが，各関係機関が複雑に影響し合い支援が進まない場合もある。そのため，SSWが，各機関がスムーズに動きやすいよう，全体的な見通しを持ち，機関ごとに必要な情報の整理や手続きなどの理解をもとにコーディネーターの役割を果たすことで，各機関が連携しやすくなる。また，SSWが定期的な情報共有の場を設ける提案をしたり，子どもや保護者とSCとの面談をコーディネートしたり，必要に応じて適当な機関へ早期に繋げたりというフォローを行うことが，虐待等の不適切な養育の再発防止や早期の再発見に結びつくアプローチとなる。

5　「チーム学校」と愛着に課題を持つ子どもへの支援

　中央教育審議会（2015）は，社会や経済の変化に伴い，子どもや家庭，地域

社会も変容し，生徒指導や特別支援教育等に関わる課題が複雑化・多様化しており，学校や教員だけでは，十分に解決できない課題も増えているとして，「チームとしての学校（通称：チーム学校）」の体制を整備することを示した。そして，この体制により，教職員の一人一人が自らの専門性を発揮するとともに，専門スタッフの参画を得て課題の解決に求められる専門性や経験を補い，子どもたちの教育活動を充実して行くことが期待できるとしている。

また，「チームとしての学校」の答申において，子どもたちの問題行動の背景には，子どもたちのこころの問題とともに，家庭，友人関係，地域，学校など，子どもたちのおかれている環境の問題があり，それらが複雑に絡み合っているとされている。このため，学校現場でより効果的に対応するためには，教員に加えて心理の専門家であるSCや福祉の専門家であるSSWを活用し，子どもたちの様々な情報を整理統合し，アセスメントやプランニングをした上で，教職員や保護者など子どもの関係者がチームで，問題を抱えた子どもたちの支援を行うことが重要だとされている。

たしかに，前節で示したように学校の中で専門性を発揮できるスタッフとして学校心理士や教育相談コーディネーター，SC，SSWなどが効果的に活用された場合には，愛着に課題のある子どもへの支援も効果的に展開できることが予想される。一方で，こうした連携や協働を行おうとする時，アセスメントやプランニングの一致が課題となることも前節で示したとおりである。このような課題の解決のためには，学習支援，学校教育相談，特別支援教育，養護教諭の活動，SCの活動などをカバーするものとして体系づけられている学校心理学に基づき，学校の中で子どもたちの愛着を取り直す支援の展開が求められているのである。

【文　献】

青木　豊. (2015). 愛着障害と発達障害の違い. *地域保健*. 46(2), 12-17.
中央教育審議会. (2015). チームとしての学校の在り方と今後の改善方策について(答申).
　　平成27年12月21日.
学校心理士認定委員会. (2012). *学校心理学ハンドブック*. 東京：風間書房.
繁多　進. (2012). 虐待と乳幼児期の愛着形成不全. *心理臨床の広場*. 5(2), 18-19.

姜信善・河内絵理．(2010)．親への愛着が子どもの学校適応に及ぼす影響について：親への安心・親密の観点から．*人間発達科学部紀要*．4(2)，1-15．

小玉有子・栗原慎二・髙橋あつ子・神山貴弥・森恵梨菜・宮村悠・川崎七々海・壁谷美穂・中田智佐子．(2015)．イギリスにおける愛着に課題を持つ子どもたちへの対応と日本の教育への示唆：The Nurture Group Networkの視察を通して．*弘前医療福祉大学紀要*．6(1)，73-81．

龍　祐吉・小川内哲生・浜崎隆司．(2015)．児童の学業的遠因行動に及ぼす愛着の内的作業モデルと内発的動機付けの影響．*応用教育心理学研究*．32，15-24．

中井大介・庄司一子．(2007)．中学生の教師に対する信頼感と幼少期の父親および母親への愛着との関連．*パーソナリティ研究*．15(3)，323-334．

丹羽智美．(2016)．親への愛着と親，友人との心理的距離の関係．*四天王寺大学紀要*．62，187-197．

岡田尊司．(2015)．愛着(アタッチメント)の大切さ．*地域保健*．46(2)，8-11．

大河原美以．(2011)．教育臨床の課題と脳科学的研究の接点(2)：感情制御の発達と母子の愛着システム不全．*東京学芸大学紀要(総合教育化学系)*．62(1)，215-229．

友田明美．(2016)．脳科学の視点から愛着障害を診る．*メディカル朝日*．51-53．

山口貴史・細金奈奈．(2017)．反応性愛着障害と脱抑制型対人交流障害(DSM-5)の概念と診断．*精神療法*．43(4)，486-491．

米澤好史．(2013)．愛着障害・発達障害への「愛情の器」モデルによる支援の実際．*和歌山大学教育学部紀要(教育科学)*．63，1-16．

米澤好史．(2016)．愛着の問題を抱えるこどもの理解と支援: 愛着障害と発達障害の違いと対応．*学校教育相談*．30(7)，22-27．

第Ⅰ部　愛着理論と支援の基本

第4章 虐待と愛着

柴田俊一

1 はじめに

（1）母子保健・児童福祉領域における愛着の問題

　児童虐待には，愛着障害がほぼ確実について回る問題である。子どもと養育者の間に継続的で安定した関係が望めない場合がほとんどになるため，様々な形で愛着の不安定さが子ども達にのしかかってくる。また，子どもの虐待に限らず，不登校，いじめ，発達障害，非行，子育て支援など子ども家庭領域を見渡していった場合にも，愛着は様々な点に関与している（藤岡，2008）。

　筆者は，行政機関である保健所・母子保健センター，福祉事務所家庭児童相談室，子育て家庭支援センター，児童相談所等の母子保健・児童福祉領域で臨床心理士としての仕事を通じて，愛着の問題に端を発する多くの子ども，親に会ってきた。これらの経験を通じて虐待と愛着の問題について考えていきたい。

　1980年代から2010年までの約30年間で，これらの機関での愛着関係が不安定なことに起因する様々な問題に遭遇してきたが，この分野で愛着の問題を考える時に常に課題となったのは「傷ついた子どもの愛着の修復を主にするか，本来，愛着の提供者であってほしい養育者の愛着の修復を主にし，子に対する愛着の提供者になれるように支援をしていくか」という問題であった。

　1982年から保健所の仕事を始めたころは，まだ児童虐待問題が顕在化しておらず，厚生労働省の統計が取られ始めたのは1990年からで，全国の児童相談所によせられる児童虐待の相談件数は，1,101件であった。2016年にはその数が12万件を超える事態となっている（厚生労働省，2016）。

　この児童虐待黎明期と思われる時期に保健所に訪れる相談の中に，ちらほら

ではあるが「自分の子どもを叩くのがやめられない」とか「自分が親との関係が厳しいものだったので，子どもにどのように愛情を注いでいいのかわからない」という母親の話を聴く機会があった。この時期，筆者としてはまだ，児童虐待の被害者の厳しい現状を知らずにいたため，親の養育機能を改善することができれば，健全な愛着の提供者となれると思っていた。そのため，「親子こころの健康教室」などの事業を実施し，今思えば，比較的軽い状況の親に健全な子育てができるような支援がしたいと思っていた時期である。すなわち，親の傷つきがあったとしても，親の心理的ケアを通じて健全な愛着提供者になれると思っていた時期でもあった。

保健所での仕事を通じ相談場面に訪れるクライエントから感じられる感覚から今後，児童虐待が日本でも増えていくだろうとの観測はあったため，児童虐待に関する研修を企画したところ上司から，虐待というような暗い問題を保健所で扱う必要性があるのかと問いただされたことがある。また，講師としてお願いした児童精神科医でさえ，まだ虐待の患者を扱ったことないけど自分が講師でいいのかと言われたような時代であった。

その後，福祉事務所の家庭児童相談室勤務になると，愛着問題のいくつかの事例を扱うこととなった。DVケースや，親子三代にわたる虐待の世代間連鎖と思われる事例もたくさん見受けられ，一挙に担当するケースの重症度が増していった。この時期，だんだんと，親の養育機能の回復に期待するのには無理がある，親のトリートメントを考えている時間に，子どもが被害を受け続けると感じ始めていた。当時は，福祉事務所の家庭児童相談室は，市町村業務であるため直接，子どもを保護する権限はなかったが，所管の県の児童相談所と頻繁なやりとりをする必要があり，親の変容を目標とする前に，子どもを健全な環境に置かなければならないと思い始めていた。当時，関係者の間で「親は無くても子は育つ」という格言をもじって「親がいるから子が育たない」などと言っていたくらい家庭環境の劣悪なケースに多く遭遇した時期でもあった。筆者の中で，親の回復を待っていたのでは，子どもが，より傷んでしまうという感触を持った時期でもあった。

（2）児童相談所における児童虐待と愛着

　児童相談所時代は，まさに毎日が児童虐待との戦いであった。筆者が所属していたのは人口80万程度の，政令市であったが，年間500件近くの児童虐待の通報があり，ほぼ毎日，新規の虐待ケースの通報が飛び込んできた。時折，マスコミの論調で，児童相談所の不手際が報道されるが，1990年の統計から数十倍にもなっている児童虐待の相談件数を，2倍にもなっていない職員数で対応できるかと問いたい場面がたくさんあった。当初抱いていた，児童相談所のイメージは，心理専門職として，虐待ケースなどの心理療法などを丁寧にやれる場所だと思っていたが，その予想は大きく外れた。毎日の新規の虐待ケースの緊急的な保護などの対応に追われつづけた。

　例えば，週1回の心理療法ケースを児童虐待の心的外傷を目的とした治療的な関わりをしようとすると，その間，緊急時の対応ができなくなるので，定期的に時間を確保することが難しい状況であった。全国で働く児童相談所の心理職（児童心理司）は，その思いをもっている人が多いのではないかと想像する。心理職としては歯がゆい思いである。

　現状では，児童虐待のケアは，乳児院・児童養護施設・情緒障害児短期治療施設（現心理療法施設）などでの毎日の生活場面でのケアに大きな意義がある。そもそも，愛着障害を考える場合，この日常場面での淡々とした継続的な支援こそ必要である。

　久保田（2006）は，愛着対象となる人物について以下の3つを紹介している。

---

①子どもに身体的・情緒的ケアを提供している人物。
②いつも変わらずに子どものそばにいるか，不在でもどこにいって戻ってくるかを子どもは絶えず予測でき，期待を寄せることができる人物（存在の一貫性と連続性の提供）。
③子どもに情緒的投資をしている人物。

　施設養護では，職員が複数いること，休みにはいないこと，一人の担当者が複数の入所者を担当することなどを考えると，愛着形成に不利な点がないわけ

ではない。しかし，虐待的な不安定な生活と人間関係からは隔離されることにより，安定した継続的な日々の生活おくることができ，とりあえず愛着形成の基礎的な「安全な場所」という環境は保障される。

2 どのような方向で児童虐待による愛着の問題を支援する必要があるか

（1）児童虐待予防の観点から

　母子保健・児童福祉の現場を経験してきて児童虐待をなんとか食い止めたいという思いは常にもっていた。しかしながら，次から次に現れる新規の児童虐待ケースに毎日翻弄され，子どもの命をとりあえず守ることが至上命題になってくる。国の施策も年々，児童相談所や子育支援の分野が整備され人的にもある程度ではあるが，拡充されつつある。そのスピードを遥かに上回るスピードで児童虐待の相談件数は増え続けている。それも，報道で発表される数字は年間に10万件を上回ったなどと，その1年間に新規で扱ったケースがそれだけあるということであり，1年で10万件分の児童虐待が解決するわけではない。多くのケースは，数か月から数年にわたり児童相談所のケースとして管理されていくことになる。年10万件が数年にわたり累積していくわけであるから，膨大な数になっていくことになる。さらに，児童虐待で通報に至るところまではいかないが愛着になんらかの傷を負ってしまうような不安定な養育環境の中で育つ子どもは，その数倍から数十倍いることが考えられる。

　こうなると，児童虐待が発生しないようにしていくしか，減らす手立てはないことになる。すなわち児童虐待予防に目を向けざるを得ない状況であった。

（2）親教育プログラムによる予防

　概ね，2000年を機に日本に様々なペアレンティング技法が紹介されてきた。親教育プログラム・親支援プログラムなどと呼ばれ，主に子育て支援のNPO団体，大学等の研究者などが海外から導入し，実施者を育てる養成講座などを行い事業展開してきている。プログラムのねらい，手法等は様々であるが，いずれも児童虐待問題が顕在化しはじめ，予防的な観点から児童虐待を減らすこ

とを意識している研究者・団体が展開しているプログラムである。

　筆者がこれらのプログラムの実施者の養成講座を受講したことがあるプログラムは，以下の5つである。これらのプログラムは週1回2時間程度で，1クール6回が標準的な実施回数であるが，児童虐待の加害者を扱うMYTREEペアレンツ・プログラムは，参加者の不安定な状態を考えて1クール16回で構成されている。

①**Nobody's Perfect「完璧な親なんていない」(NP)**
　カナダで開発されたプログラムで，参加者が子育てで困っていること，関心のあることなどをグループで話し合い，自分にあった子育てを模索していく。
②**コモンセンス・ペアレンティング（CSP）**
　行動療法的な考え方に基づき，子どもへの親の関わりかたを教えていく。
③**セカンドステップ**
　子どもが様々な子どもが遭遇する様々な場面の写真を見ながらソーシャルスキルを身につけていく。
④**MYTREEペアレンツ・プログラム**
　森田ゆりにより日本で開発されたプログラムで児童虐待の状態にある養育者を主な対象として虐待をしなくてもよい親子関係，親自身の回復を目指す。
⑤**ペアレント・トレーニング**
　ADHDの子を育てる親向けに開発されたプログラムで，行動療法的な関わりを基礎としており，発達障害の親だけでなく，一般の子育て家庭の支援にも広められている。

　筆者は，主にNobody's Perfect「完璧な親なんていない」(以下，NP)の普及を行うNPOにおいて実施者の養成にあたるとともに，直接の親グループの実践もしてきた。親グループに参加する親の子どもは1歳6か月前後から3歳くらいの子どもが多かった。それらの親子関係をみるなかで，愛着の観点から考えれば，不安定な愛着スタイルが固まりつつある時期で，その時期であるからこそ，より親の育児不安が高まってくる時期とも考えられる。

　これらNP実施者の中から，より子どもの年齢が早い時期からの介入が必要

であると考え，ベビー・プログラム（以下，BP）を開発し，生後2か月から7か月くらいまでの子どもを育てている親を対象に，主に愛着形成に視点を置いた実践を行うグループも出てきている。（實川，2017）

3　親教育プログラムの効果

（1）Nobody's Perfect「完璧な親なんていない」の効果

　これらの親教育プログラムは，直接的に愛着の問題を扱うと標榜して実施されているわけではない。子育て中の親の精神的健康度の向上，子育て不安の解消，より良い子どもとの関係の築き方などを目的としているもの多いが，親の安定を図ることで，子どもに健全な愛着の提供ができるようになることが期待されている。

　筆者の実施してきたNPでは，参加者の変化として，①精神的健康度が向上，②自己評価得点が上昇，③育児不安感が軽減などの変化が報告されている。（柴田，2006）

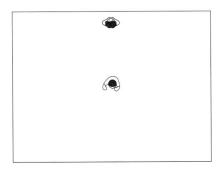

図4-1　親子間の心理的距離（前）

図4-2　親子間の心理的距離（後）

NPは，基本的には，親の話し合いグループであり集団精神療法的な要素を含んでいるが，それらの体験の中で，親は一言で言えば「明るく，元気になってくる」という印象がある。NP体験により，育児に自分なりの自身を獲得し，子どもへのかかわりも，変化していく様子が観察される。

　また，親子間の心理的距離（福井，1984）の変化の一例として，NPセッション中に子どもを叩いてしまうことがあると述べていた母親が「泣いている子どものどこにいたいか」との問いに答えて，母親シールを図版の上に張る作業をしてもらったものが図4-1である。子どもから最大の距離をとって，後ろ向きに母親シールを貼っているが子どもとの距離を置きたい心理が反映されている。図4-2は，NP体験後に，同じ作業をしてもらったものであるが，子どもとの距離が縮まり，子ども前面の手が届く距離に立つことができている。

　この図版の変化だけで，子どもへの愛着の変化とみるのは早計ではあるが，子に対するなんらかの感情の変化があったことが示唆される。この母親の個別の尺度の値を見ても，前述したような精神的健康度の向上，自己評価得点の上昇，育児不安の低減が確認され，ある程度，余裕をもって子育てに取り組めるようになっていることが推察される。

（2）前向き子育てプログラム（トリプルP）の効果

　子どもとの良い親子関係を促進するプログラムとして「前向き子育てプログラム（トリプルP）」が実施されているが（柳川・平尾・加藤，2009），そのプログラム経験者の効果として①親が報告する子どもの困難な行動，②子育てスタイル，③親の抑うつ，不安，ストレスなどの精神状態，④夫婦間の関係の質と満足度，⑤親の子どもへの不適切な行為において改善の方向で変化があったことが報告されている。

　これらの親教育プログラムは，愛着の問題で傷ついた子どものケアを行うという観点にはないが，親が愛着の提供ができない状況を改善するという意味で児童虐待予防の一翼を担っていると思われる。

4 今後の問題点および課題

(1) 薄まりゆく愛着

　児童虐待の状況下で愛着に問題を持った子どもの直接的ケアは，今後ますますその必要性が増し，親を支援しながらも子どものトリートメントは同時進行で必要である。その視点から重症度の高い被虐待児の治療的な試みは，各分野でなされてはいるが，まだ愛着に問題を持つ子どもの圧倒的な数には遠くおよばない。今後ますます，この分野での治療機関が増え，効率のよい対応技法が開発される必要性は高まっている。

　30年近くこの分野で活動をしていて，愛着提供できる養育者のレベルが，10年単位で低下してきているように感じられる。昭和初期の親の愛着を提供できるレベルを仮に100とすると，太平洋戦争後の，団地など集合住宅で核家族で子育てをする世代の養育能力は，祖父母からの見よう見まねの子育ての伝承が伝わりにくくなったぶんだけ低下し，80くらいになっていると仮定してみる。さらに，その後，働く女性の増加やテレビ・ビデオ等の普及による静かで直接的な親子関係を妨害する要因などがからみ，80の養育能力をもった人が育てる子ども世代は，養育能力60くらいになっている可能性がる。その次の世代は，携帯電話・スマートフォンを見ながら授乳する世代である。このような状況の中で，児童虐待が増えてきている。さらに豊かな愛着環境を提供できる養育者が減っていき，愛着の薄まってきている人々が増えていくのではないかと懸念される。

　今はまだ豊かな愛着の提供者である親以外の他者が，子どもに愛着の提供をできる時代かもしれないが，今後，親以外のその他大勢の他者の徐々に愛着状況が薄まっていくと仮定すると，どこかの時点で社会集団の中で自己修復的に傷ついた子どもの手当をする他者が減少していき，社会全体が愛着に関して機能不全状態になり，それ以上回復が見込めない状態にまでなっていくのではないかという懸念を感じている。

　そうなっていく前に，予防的な活動を社会全体で推進する必要があると思われる。この分野で活動をしている人の思いは，愛着障害により，何者も信じら

れない，暗く攻撃的な目をした子どもを少しでも減らしたいという希望である。また，それは厚生労働省の毎年の児童虐待件数のグラフが，いつの日にか横ばいになり下降し始める瞬間に立ち会いたいということかもしれない。

　アメリカは，児童虐待の総数を減らすことに成功している（森，2008）,その要因としては，社会を上げての予防活動，特に予防教育の要因が大きいとされている。今後，我が国においても児童虐待予防の観点から各種の教育プログラムの充実が望まれるところである。

（2）産前からの虐待予防教育の必要性

　親教育プログラムの参加者の子どもの対象年齢が徐々に下がっていき，BPにおいては，生後2か月の子の親を対象にした愛着形成に重点を置いたプログラムなどが展開されていったことは，たいへん意義深いことであると感じている。しかしながら，多くの親に子育ての辛かったことの話を聞いていくうちに2つの問題を確認していった。

　1つは，出産前までは出産時の大変さや痛みのみに気をとられていて，産後の体調の問題，子どもは，ほぼ2時間おきに授乳をしなければならないこと，それにより，母は慢性的な睡眠不足となり，さらに家事が重なると疲労が蓄積しやすくなること，産後のホルモンのバランスの変化により，子育てのパートナーである夫にイライラすることが多くなることなどが，意外と意識されていないという問題である。

　出産時の痛みや，なんらかの出産にまつわるトラブルなどはあるとしても産婦人科入院中の数日のことである。しかしながら，その後の数か月は，しばらく目を離せば生命の危機に陥るかもしれない小さな命を預かっていることの重責など，産褥期の体調回復を待ちながらの子育てと家事をこなしていくことは女性にとって並大抵の仕事量ではない。この大変さを回想的に語る母親が多くいた。子どもが大学生や成人になっている中年の女性から，この子育て初期の数か月のたいへんさと，非協力的だった夫への恨みを切々と語る場面に何回か遭遇したことがある。

　2つ目は，夫の問題である。20〜30年前の日本の一般的な家庭は，近代家族と呼ばれ，夫が家の外に仕事に行き，妻は専業主婦となり，家事・育児一切を

表4-1 「親になるための講座」(親なるプログラム)

生まれる前・後　親になるための講座「親なる」

―**親になるための教習所**に通い、せめて仮免をとって赤ちゃんを迎えましょう―

　自動車を運転する人が自動車教習所に行かず、いきなり運転したらどうなるでしょうか。あちこちで事故が起こってしまうでしょう。では、子どもさえ生まれたら、だれもが自然に親になれるのでしょうか。今までは、ほぼ、そう信じられてきました。しかし、生んでみたら、ほんとにたいへんという思いをしていらっしゃるお母さんたちがかなりたくさんいらっしゃいます。それでもお母さんは、動物として自動的に親にならざるを得ない状況が発生します。お父さんは産んでない、おっぱいもでないためどこか実感がありません。一人の青年から、親に移行していくスピードが男と女ではずれるのです。このずれが出産後の子育てをさらにつらいものにしてしまうこともわかっています。生まれる前から、親になるためのこころの準備が必要です。お二人で、よりよい子育てがスタートできるよう準備していきましょう。せめて、生まれるまでには、仮免までたどりつき路上教習（実際の赤ちゃんを抱く）が始まってもいいようにしておきましょう。

　まだ、実感がわかないかもしれませんが、知っていれば立ち向かえる産後の困難もあります。

講座内容　月1回　土曜日または日曜日に1回2時間30分の講座を実施します。

回	時期	講座内容
1	妊娠5か月	① 加者どうしが知り合う ② 妊娠・出産・生後2か月までとはどのような時期なのかを学びます ③ 産後クライシスという現象につき学びます。
2	妊娠6か月	①参加者どうしがより深く知り合う③夫婦二人はどのように育てられたのかな（子育て観・価値観のすりあわせ）お互いが育った家庭環境・親の子育て方針につきチェックリストを用いて確認する作業をします。 ③夫婦の話し合い方につき、コミュニケーションルールを確認します。お互い意見が合わなかったときにどうするかを決めていきます。
3	妊娠7か月	①より深く知り合う ②「もうすぐ赤ちゃんがやってくる」プログラムにもとづき、出産後心配なことにつき確認しあいます。 ③パパスイッチを入れるためにできること
4	妊娠8か月	①より深く知り合う ②家事・育児分担について役割を決めておきます。 ③愛着について学びます。 ＊BP、NP、CSP、その他の子育て支援資源につき紹介
5	生後2か月	① 出産の経験をわかちあいます。 ② 実際に生まれてみて、夫婦の関係の変化について話し合います。 ③ 愛着を育てる子育てについて学びます。
6	生後6か月	① 子育て半年の経験をわかちあいます。 ② 夫婦関係の修正すべきところについて話し合います。 ③ お互いに伝えたいことにつき話し合います。

取り仕切る存在であった。そのため，その家に生まれた子ども，特に男子は母親が，かいがいしく夫に尽くす姿を見て育っている。そのため，その男子が結婚すると当然のように，妻に母親のような役割を期待する。従って家事・育児を共にするという発想がそもそもない。結婚後，夫婦二人の間は，まだ妻の側もそんなに違和感なくこれらの夫と付き合っていられるが，子どもが生まれたとたんに，この夫の役割期待には，ほぼ答えられなくなる。

さらに，妻が里帰り出産をすることなれば，1～2か月の間，夫は独身男性モードに戻ってしまう。まして子どもと会い，子どもをだっこするというようなスキンシップをともなう触れ合いは，週末に妻の実家を訪れたときのみとなる。長ければ2～3か月の間に，子どもと触れ合うのが数回だけということもありうる。これでは父親としての自覚が出てくるのが遅れるのは当たりまえであろう。

(3)「親になるための講座」(親なるプログラム)

これらの問題を解決していくためには，産前からの親になるために学ぶべきことを学んでもらう教育が必要であると考え「親になるための講座」(親なるプログラム)を別表（表4-1）のように企画し試行的に実施を開始している。

主な目的は，①出産後夫婦関係が変化することを知っておく。②子どもが生まれると子ども中心の家庭運営にシフトしていく必要があることを知る。③夫婦のコミュニケーションのありかたを出産前に，確認をしておく。④子どもをどう育てるかという価値観は夫婦それぞれの育った家庭の価値観の影響を受けており，それを妊娠中にできるかぎり確認しておく。⑤一人の男性が父親意識をもつようになるのは，必ずしも出産に同期しないことを知り，移行を促すための育児体験が必要であることを知る。⑥家事・育児の分担は夫婦の話し合いにより，妊娠中から役割を決めておく必要があることを知る。などである。具体的には，母子手帳交付後，妊娠5か月目くらいからを目安に，月1回夫婦で参加してもらいこれらの出産後の夫婦関係の変化，家事・育児の分担のこと，子育ての価値観などにつき産前から学んでもらい，試行してみて予想外であったのは，すでに第1子のいる夫婦が何組か参加してきたことであった。参加の動機を聞くと第1子の出産・子育ての時に，この問題でたいへんな思いをして夫

婦関係も危機的な状況になった経験から第2子出産にあたっては，この問題を夫婦そろって生まれる前に学習しておきたいとのことであった。

このような産前からの教育プログラムや産婦人科で行われている「両親学級」などに，取り入れられることが望ましいと考えている。

男性の多くは「言ってくれれば（家事や育児など）やるのに」と思っていて，女性の多くが「それくらい察してほしい」と思っていて，お互いに不満を持っている夫婦の話を何組か聞いたことがあるが，産前からこのようなプログラムに参加していたら防げる問題であろうと思う。

今後，産前からの精神的変化の問題を意識した予防教育が母子保健事業の中に取り入れられ，妊娠・出産を迎えるすべてのカップルに届くことを願ってやまない。

【文　献】

藤岡孝志．(2008)．愛着臨床とは：愛着臨床と子ども虐待．京都：ミネルヴァ書房．
厚生労働省．(2017)．平成28年度 児童相談所が対応した児童虐待の件数．
久保田まり．(2006)．愛着研究の動向：発達・臨床的問題に焦点をあてて．乳幼児医学・心理学研究．15(1), 1-9.
實川雅子．(2017)．「親子の絆づくりプログラム"赤ちゃんが来た！"」(BPプログラム)実施の現状と課題：連携に着目して．鎌倉女子大学紀要．24, 145-151.
森田ゆり．(2008)．子どもへの性的虐待(岩波新書)．東京：岩波書店．
柴田俊一．(2006)．親教育プログラムNobody's Perfectの短期的効果について．子どもの虐待とネグレクト．8(1), 114-118.
柳川敏彦・平尾恭子・加藤則子・北野尚美，上野昌江，白山真知子，山田和子，家本めぐみ，包丁高子，志村光一，梅野裕子．(2009)．児童虐待予防のための地域ペアレンティング・プログラムの評価に関する研究：「前向き子育てプログラム(トリプルP)」の有用性の検討．子どもの虐待とネグレクト，11(1), 54-68.

第Ⅱ部

愛着の視点からの支援の実際

第Ⅱ部　愛着の視点からの支援の実際

第5章 愛着の視点からの支援の実際
――就学前

1 保護者の困り感からとらえた発達の課題
―― 5歳児健診から見えてきたこと

兵藤朱實

1 はじめに

　最近，就学前後の児童の中で「落ち着きがない」とか，「よく動き回る」といわれている子どもがいるが，ここでは特に多動性，注意集中に問題がある場合をさす。多動性や過活動性，不注意，衝動性などが様々な場所で出現すること，同じ状態が6か月以上にわたって出現することなどの特質がある。花田・上田（1987）は，一般的に検査で特に指数が低いということもないのに，学業成績が悪い子が多く，また不注意，集中力のなさ，衝動性などのために，周囲から期待の要求に十分に適応できにくいということが生じてくる。さらに，認知，感覚，記憶などの障害の結果として，抑鬱気分，いらいら感などの情動面の問題も生じてくると言っている。

　WHOの「精神および行動の障害－その研究用診断基準第10版」（ICD-10，1993）で提案されている多動性障害（hyperkinetic disorder）は「小児期および青年期に通常発生する行動および情緒の障害」という大分類の中に含まれている。もう一つの定義として，アメリカの「精神疾患の分類と診断の手引き第4版」（DSM-Ⅳ）がある。ここでは注意欠陥／多動性障害（Attention-Deficit Hyperactivity Disorder；ADHD）と称し，主要症状を「不注意」と「過活動／衝動性」の2つに分けている（白瀧，1998）。

2 検査

　私立こども園での3歳児から5歳児までの測定指標と手続きは自由遊びの場面で行動観察を実施した。指標としたカテゴリーは保育者や他児とのコミュニケーションの問題，課題保育や給食場面などでの落ち着きのなさ，親の養育態度の問題，特定の保育者や他児などひとへのこだわりや物へのこだわり，無意識に自分の身体の一部を触ったりする自己指向性，給食における態度の問題，偏食，保育者からみた保育の困り感の8つであった。観察の記録者は中堅の保育者2人が行った。いずれも，3段階（3：問題あり～1：問題なし）で評定された。行動観察から特に気になる子どもについては，保護者の了解のもと新版K式発達検査を実施した。

3 検査結果

(1) 事例を通して言えること

　兵藤・米澤（2013）で詳細に報告した各事例に共通していえることであるが，1つには経験を重視すること，子どもの自発的変化を重視することを考えた。加えてどの子どもにも肯定的な環境で学習（Schopler, 1990）することのほうが，より効果的であると考えた。課題に取り組む子どもが，間違いに自分で気づいてくれること，そしてできれば自発的に自分のしたことを修正するまでになって欲しいと願うものである。

　数概念は，量の比較，系列化，1対1対応づけ，量と数詞と数字との対応によって形成される（上野，1981）。数はそのものではなく，ものとものとの関係から抽象される概念である。これを具体的に指導することで本児に理解させることを目標にした。

　子どもは普通1歳頃に話し始め，2歳頃には単語の数も増え，複数の単語をつないだことば（多語発話）や簡単な文を話し，質問したり応えたりするなど初歩の会話ができるようになる（竹田・里見，1994）。

　事例に共通して言えることは，家庭内部で子どもがどのような経験を持つか

は，物的な環境の準備の他に，親が子供の生活をどう構成するかが関係する（小嶋，1991；森下，1988；森下，1991）。親は子どもを導き，援助し，励まし，共感することが大切である。それに加えて，こども園での教育や経験も相まって社会性が育つと考える。

　支援意義について指摘したように，分節化と文脈づくり，受容，枠組み作り，タイムアウトの意義，やりとりのツールという形で，環境に働きかけた支援であるべきである。子どもを環境に投げ出すのではなく，そこに確かな位置づけをし解りやすく構造化して，自らが，どうすれば落ち着いて行動できるかの枠組みを明確にする支援の大切さに目を向けるべきである。これは，米澤（2012，2013）で示したように，愛着障害の子どもへの支援でも指摘したことである。親子関係が物理的に存在していても，心理的に問題を生じさせている親子関係の支援に必要な視点である。

　Barkley（1997）は，行動に問題を示す（従順ではなく，反抗的で，敵対的で，頑固で扱いにくい）子どもへの関わり方の中で，親に対して①子どもの好ましい遊び行動に注目すること，②子どもの従順な応答に注目すること，③効果的な支持を与えること，④一人遊びに注目することなどをあげている。

（2）社会性を育てる

　本園では，Barkley（1997）の親や指導者の遂行課題を実施した。社会的なルールを守る約束をするときには，出来たときはしっかりほめて評価する方法と，出来たときはカレンダーなどにシールを貼る，丸印を記入する方法がある。大人が話しているとき対象児が割り込んで話をしてきたときは，話が終わるまで待つように伝え大人の話が終わったなら対象児の話をしっかり聴くといった指導を実践した。

　親は子どもを導き，援助し，励まし，共感することが大切である。それに加えて，こども園での教育や経験も相まって社会性が育つと考える。

【文　献】

American Psychiatric Association. (2000). *Diagnostic and Statistical Manual of Mental*

Disorders. Fourth Edition, Text Revision. (DSM-IV-TR). Washington, DC: APA. （高橋三郎・大野 裕・染矢俊幸(訳)．(2003)．*DSM-IV-TR：精神疾患の分類と手引(新訂版)*．東京：医学書院．

Barkley, R. A. (1997). *Defiant children: A clinician's manual for assessment and parent training (2nd ed.).* New York: Guilford Press.

花田雅憲・上田格．(1987)．多動をめぐって：精神医学の立場から．*発達障害研究*．9, 81-88．

兵藤朱實・米澤好史．(2013)．保育者の困り感からとらえた発達の課題: 5歳児健診から見えてきたこと．*和歌山大学教育学部教育実践総合センター紀要*．23, 13-19．

小嶋秀夫．(1991)．*児童心理学への招待：学童期の発達と生活*．東京：サイエンス社．

森下正康．(1988)．乳幼児の発達と家族関係．*児童心理学の進歩*．27．東京：金子書房．

森下正康．(1991)．母子関係．*新児童心理学講座*．12, 38-72．東京：金子書房．

Schopler,E., 佐々木正美．(1990)．*自閉症の療育者*．神奈川県児童医療福祉財団．

白瀧貞昭．(1998)．多動性障害(注意欠陥障害)．松下正明(編集)．*臨床精神医学講座 第11巻児童青年期精神障害*．東京：中山書店．

竹田契一・里見恵子．(1994)．*インリアル・アプローチ*．東京：日本文化科学社．

上野一彦・牟田悦子．(1981)．学習障害の診断・治療に関する考察：心理診断システムと治療指導の原理．*東京学芸大学紀要．第1部門*, 32, 199-211

World Health Organization (1992). *The ICD-10 Classification of Mental and Behavioral Disorders; Clinical Descriptions and Diagnostic Guidelines* （融道男, 中根允文, 小見山実ほか(訳)(2005)．*ICD-10 精神および行動の障害(新訂版)*．東京：医学書院．

米澤好史．(2012)．こどもの学習意欲・人間関係に与える受容の効果：調査研究と発達障害への支援事例から導かれる「愛情の器」モデル．*和歌山大学教育学部紀要(教育科学)*, 62, 1-16．

米澤好史．(2013)．愛着障害・発達障害への「愛情の器」モデルによる支援の実際．*和歌山大学教育学部紀要(教育科学)*, 63, 1-16．

2 愛着という信頼の絆を深めるために

前田　綾

1 はじめに

　2018年4月，幼児教育の大きな転換点となる幼稚園教育要領が改訂され，今後の幼稚園教育の進むべき方向が示された。これは，2015年に発足した「子ども・子育て支援新制度」で注目された待機児童の解消や保育所機能の増設という幼児教育の量的な議論から，新しい時代に求められる子どもたちの資質や能力とは何かというより質の高い幼児教育の在り方へと注目点が移ったと考えられる。紀伊半島南部に位置する園児数290名，教職員25名の中規模幼稚園からの10か年にわたる園内研修の経過と実践の報告である。

　本園でも，園児たちは豊かな個性と大きな個人差を持ち，園生活の中で自分の特性や育ちのペースを守りながら，友だちとの様々なあそびを通してのびのびと活動しているが，そのような園生活の中で，集団への不適応を示す子どもの存在に注目しなければならなくなっている。したがって私たち幼稚園教諭には，子どもの特性を正しく理解し，その特性に寄り添いながら集団性や協同性を高める教育活動をより一層充実させられる豊かな指導力が求められる。

2 愛着の問題をどう捉えるか──2つの研修テーマの設定とその経緯

(1) 研修テーマ①「子どもの育ちとことば──認知を手がかりとして」

　2008年4月，本園は「子どもの育ちとことば──認知を手がかりとして」と研修テーマを設定し，米澤好史教授（和歌山大学教育学部）の指導助言を仰ぎながら，子どもの特性を分析的に理解しその支援に生かそうと研修を進めた。テーマ設定の理由は「子どもたちは，生活の中で多くの人と関わりさまざまな

体験を通してことばを豊かにしていく。そして，からだとことばとこころのすべてで自分の思いを伝え合い，ものの見方や考え方を豊かにしていく。子どもたちはものごとや人との関わりをどう感じ，考え，行動やことばに表現しているのだろうか。その認知の状況を知るとともに，支援者である保護者や保育者の認知と重ね合わせてその子を分析的に理解し，具体的な支援に生かす」というもので，その後2012年4月，広汎性発達障害（当時の診断名）と診断された園児の受け入れを機会に，この研修テーマはより実践的に深まった。

　この事例では，まず入園後の生活で集団への不適応を示す具体例に注目し，その園児の個人記録をもとに学級担任の課題提起を受けて園内研修を始めた。米澤教授の保育参観とその後の指導助言によると，この事例は新しく「自閉症スペクトラム障害（ASD）」として分類され，その特徴として①社会的（対人）コミュニケーションの障害，②限定的興味と反復的（常同）行動 という特性が見られること。また，具体的な支援の進め方として「ASDへの4つの支援」，①環境不安を防ぐための「物理的居場所支援」，②予定不安を防ぐための「時間の居場所支援」，③常同行動やエコラリアを防止するための「作業の居場所支援」，最も重要となる④「人間関係の居場所支援」があり，保育者との1対1の関わりを通して本人との信頼関係を築き上げることの大切さが述べられた。その結果，保育者も含めた養育者間の共通理解を図り，発達障害をもつ事例としてその後の本人への支援を充実させることができた。

（2）研修テーマ②「子どもの特性の把握とその支援──愛着という"信頼の絆"を深めるために」

　2015年4月，新たに「子どもの特性の把握とその支援──愛着という"信頼の絆"を深めるために」という研修テーマを設定し，引き続き米澤教授のコンサルテーションと全体研修を受けて，子ども一人ひとりの特性や課題に注目しながらその子への支援の在り方を求める研修を充実させてきた。

　この研修テーマを設定するにいたる背景には，教職員からの次のような指摘がある。それは，ASDという発達障害児への関わりについて研修を深めてきたが，同じく集団への不適応を示しながらも「それとは少し違うのではないか」「なぜこんな奇異とも思える言動をするのだろうか」というものであった。

具体的には，自分の思い通りにならないと「イライラする，ムカつく」などのことばをよくつかい，周囲とのトラブルに発展する子。ある特定の友だちを独占してしまい，その子が他の子と遊ぼうとすると激しく泣いたり怒ったりする子。指や髪の毛，衣服をなめたり嚙んだり，床に寝そべって脱力状態になる子。保育者への嘘やごまかしが多くその真偽が見極めにくい子などの事例が出された。私たちは，これらは単なる依存性や甘えの問題ではなく養育者という特定の人に対する情緒的な絆の問題，つまり「愛着の課題」ではないかという考えにいたった。

今，子どもたちの気になる行動の背景として愛着の問題が注目されている。養育者との安定した情緒的な絆が不十分なことから生まれるこの課題は，発達の遅れや対人関係の問題，情緒の不安定さとして表れることが多いとされる。私たちは，その子を正しく理解し，その子に合った適切な支援のあり方，また，保護者や専門機関との連携のあり方について考えてきた。今，保育者一人ひとりにより高い専門性が求められていることから，今後も臨床発達心理学や実践教育心理学などの視点を大切にしながら，子どもたちを取り巻く現代的な教育課題を踏まえた具体的な教育実践を充実させなければならない。

続いて，新たな研修テーマの設定が求められる事例を紹介したい。

【事例】自閉傾向と愛着の問題を併せ持つ子どもの共通性

首をよく振り，部屋の中をクルクル回る。大声や奇声を発し，床に倒れこみ寝そべる。座る姿勢が悪く，手慰みが続き，近くの子に抱きついたりする。園生活では，友だちとの関わりや周囲の状況などいわゆる空気が読めず，強く自己主張を続ける。マイペースで物事を進め，自分の思ったことや経験したことを好きな時に発言し，それを制止するが指導が入りにくい。また，興味や関心が次々と移り，集中力の持続が困難である。

本園では，上記の「自閉傾向と愛着の問題を併せ持つ子どもの特性をどうとらえ，どう対応するか」について，今後，園内研修を深めたい。そして，保育臨床の視点を大切に，保育の質を問い続けなければならないと考える。

3 「愛着の課題」修復に向けて

(1) 保育日案の作成と日々の振り返り

　保育者は，子ども一人ひとりの特性を把握し，きめ細かく関わることにより子どもたちとの心の絆を強めている。それとともに，日々の育ちを保護者に伝えることで子どもたちに共に向き合い，互いの信頼関係を深めている。

　本園では，「保育日案と反省」(保育日誌)を記入することで自分自身の保育活動を一日の流れの中で振り返り，丁寧に評価し反省することができると考えている。そして，その成果と課題は終礼の場で職員間の共通理解が図られる。また，その日々の記録は学級担任によって「個人記録」としてまとめられ，家庭訪問や進級に伴う保育者間の引継ぎ書類となった後，「幼稚園幼児指導要録」の補助資料として活用される。

(2) 子どもたちの心理的な環境の視点から

　子どもたちは，友だちとの日常的なやりとりの中で自分や相手の気持ちに気づき，保育者の橋渡しによって人間関係の基礎となる感情を発達させていく。私たち保育者は，子どもの周りにいる養育者の一人としてその子の話をしっかり聞き，「自分を分かってくれた」という意識を子どもの中に育てなければならない。そして，不安や恐怖から守ってくれる「安全基地の機能」やホッとできる安心感を与えてくれる「安心基地の機能」，さらに，この基地を飛び出して経験したことを報告したくなるような「探索基地の機能」を果たせているかが問われている。今後も，子ども一人ひとりをきめ細かに観察しそれを克明に記録しながら分析し，その子の育ちをしっかりと見守っていきたいと考える。

【文　献】

米澤好史．(2015)．「愛情の器」モデルに基づく愛着修復プログラム：発達障害・愛着障害現場で正しくこどもを理解し，こどもに合った支援をする．東京：福村出版．

関　章信(編著)．(2010)．幼稚園・保育園の先生のための保育記録のとり方・生かし方(改訂新版)．東京：鈴木出版．

第Ⅱ部　愛着の視点からの支援の実際

第6章 愛着の視点からの支援の実際
―― 小・中・高等学校・支援学校

1 全ての子どもを"愛着の視点"で包みたい

宮内英里子

1 これまでの指導が通らない

　問題がわからないと机の下にもぐる，注意されるとカーテンに隠れて出てこない，やり直しを指示するとトイレに走っていき個室にこもる，腹が立つと机や椅子を蹴る，たった今友達を叩いたのに指摘されると「やっていない」と言い張る，優しい先生のいうことはきかないなど困った行動をする子どもがなんと増えたことか。注意をし，時には叱り，時には怒鳴ってしまうこともある毎日。こういう子どもが学級に何人かいるとグループ化し，授業を妨害することもある。学級経営にまで暗い影響を与えるこれらの子どもたちの一番の問題は"これまでの指導が通らない"ということだった。私を含め多くの先生方はこれらの問題行動にどう対応したらいいのかわからなくなっていた。そして「発達の問題がある子が増えたよね」と，これまでの指導が通らない子どもたちを"発達の問題がある子"ととらえることが多くなっていた。

2 "愛着の視点"との出会い

　その一方で問題行動をする子どもたちの中に学年が上がる，担任が変わる，家庭環境が変わるというきっかけで，すっと落ち着き問題行動が減る子どもが

いることにも気づいていた。「発達の問題ならば，何かのきっかけでこれほど変容することはないはずだ。いったいこれらの子どもの問題行動をどう理解すればいいのだろう」と悩みながら，さまざまな論文，著書を探しては読んだ。そんな時に「ああ，あの子どもたちのことだ！」とまさに巡り合ったのが"愛着の視点"だったのである。

愛着は愛情とは少し違う。身近な人との間に結ぶ相互作用の絆，信頼感，安心感，安全感などのことであり，愛着が形成されることによって人との情緒的な関わりが可能になり人間関係の基礎ができるといわれる。愛着について知れば知るほど，杉山（2007）の指摘にもあるように，愛着に問題がある子どもと発達に問題がある子どもの行動がとてもよく似ていることに気づいた。

3 "愛着の問題と発達の問題の混同"で起きること

問題行動が似ているためまだ愛着の視点で子どもを観察する習慣が少ない学校現場では，"愛着の問題行動を発達の問題行動としてとらえる混同"が起きており，それが私たちに「発達に問題のある子が増えた」と感じさせていると思う。発達の支援を行ってもうまくいかなかったり，これまでの指導が通らず対応の手詰まり感を生じさせたりしているのもうなずける。"愛着の問題と発達の問題の混同"による"対応のミスマッチ"である。問題行動は似ているが，愛着の問題と発達の問題とでは支援の方法を変えなければ問題行動は改善しない。

二つの混同は学校（担任）と保護者の間にも影響を与えている。発達の問題ならばいつでもどこでも行動は変わらないので家庭での困り感もあるはずだが「家では困っていません」と言われることがあった。困っていないという保護者の言葉で「協力的でない」とか「子どもの問題を認識していない」ととらえ，その後保護者との関係がうまくいかなくなる事例もあった。保護者の方も「学校の問題を保護者に押しつける」と思われて学校に不信感を持たれたこともあった。このように今でも学校現場では二つの混同が学校，子ども，保護者に様々な問題を引き起こしていると思う。

4 愛着の問題はなぜ起きる?

　学校現場には愛着の視点がまだ不足しているが似たような観点として「愛情不足じゃない?」とか「家庭の問題かも」という話題はよく持ちあがる。しかし愛着は愛情とはまた違うものである。「愛着の問題がある子どもの保護者は愛情不足だ」という誤解は生じてほしくない。確かに虐待や家庭の不遇な環境で愛着の問題が起きている場合もあるが、普通の家庭の子どもでも愛着の問題は起きる（米澤, 2015）。それは愛情があっても関わり方が適切でない時や子どものほうに発達の問題があり保護者の気持ちがうまく受け取れない時だ。普通の家庭であり保護者に愛情があっても愛着の問題が起きるのは、保護者の関わり方や子どもの受け取り方で生じた"すれ違い"が原因だとすると、愛着の問題を抱える子どもが多い理由が納得できるような気がする。どの保護者と子どもも大なり小なりすれ違いは起きている可能性があるからだ。

　"大きなすれ違い"によって愛着が十分に形成されていない子どもは基本的に人への信頼感、共感性、安心感、満たされた感情などが育ちにくいために落ち着きがない、イライラする、友達の痛みや気持ちがわからない、頑張る意欲が少ないなど、前述した学校の混乱をまねくような問題行動につながっていく。

5 発達の問題か、愛着の問題かの見極め

　発達の問題と愛着の問題では支援の方法は違う。"混同による対応のミスマッチ"を起こさないためには発達の問題か、愛着の問題か、その両方か、その他の問題かを見極めたい。その見極めは専門家でも難しいと言われる（岡田, 2012）が、一番身近で子どもを観察することができる教師、特に学級担任ならポイントさえわかれば見極めていくことが可能だと思っている。それができれば問題行動への支援が適切で効果的なものになる。見極めのポイントに関しては『「愛着の器」モデルに基づく愛着修復プログラム』(米澤, 2015) に詳しい。似た問題行動が多い中でそれを行う理由が全く違うことや、教師を最も悩ませなかなか解決に至らない事例である攻撃行動やパニックのような暴れ方が、発達の問題と愛着の問題の両方がある時に起きるということがわかる。愛着の視

点がなければ発達支援だけでは行動変容は難しい。見極めポイントの習得が鍵である。

6 愛着の問題がある子どもの支援の実際

愛着の問題は愛着の形成がうまくできていないことが根本原因なので"学校現場では教師と愛着関係をつくり，愛着の形成を促す"ことが最大の支援のポイントだと思う。第3節で述べたように愛着が形成されることによって人との情緒的な関わりが可能になり人間関係の基礎ができるからだ。教師と愛着関係をつくることで愛着の形成が促され，問題行動が減り学校生活も改善されていった事例をいくつかお知らせしたい。教師なら誰でも今日からできる方法である。また，学級担任ならではの支援ですばらしい効果を発揮した事例も記載する。

(1) そっと一人だけ呼ぶ

中学2年の男子。頭髪を赤く染め，衣服にも違反があり毎日校門で帰宅させられていた。ある日いつもどおりに家に帰されるところだった生徒をそっと保健室に呼び入れた。母親と2人で母親の友達の家に居候をしていること，教師を含め大人は信用できないなどの話をした。帰宅前にそっと呼び入れる日々が続いたら養護教諭が愛着対象となり信頼感が生まれた。養護教諭の言うことなら耳を傾けるようになり，ある日身なりを整え登校してきた。愛着の問題を抱えていたので身なりによって反抗していたのだ。本事例に限らず保健室では養護教諭と2人で過ごすことが多いので，養護教諭が愛着対象となり学校への適応がうまくいくことがある。

(2) 必ずタッチ

小学2年の男子。友達の物を盗る，わざと道路に飛び出す，万引き，火遊び，空き屋への侵入，腹が立つと机や椅子を蹴ったり投げたりする，指導されると反抗するなど問題行動が大きかった。母親は本児が小2になる直前に離婚し4人の子育てをしていた。生活を支えることが精一杯で子どもたちに反応よく関

わることができなかったのだろう。担任への反抗が強かったので私が本児と愛着を形成するために「必ずタッチ」を試みた。学校内でいつ、どこで会っても私の手にタッチすることである。本児は全く嫌がることなく卒業するまで5年間も継続した。私と愛着が形成されると担任が「この問題行動はどうしたらよかったのだろうか」と聞くと「暴力はよくなかった。ちゃんと口で伝えればよかった」と反省できるようになった。この方法は学級担任以外なら誰でも可能である。

（3）担任の先生と相撲

　小学4年の男子。小学校低学年の時に母親が再婚し，弟が産まれた。人懐っこくニコニコしている子だったが，いつも騒がしく注目獲得行動が多かったので引継ぎには「多動，衝動性あり。叱ると反抗」と書かれてあった。小4の担任は体格のいい先生で，いつの頃からか本児をつかまえて「かかってこい！」と相撲をする姿がみられた。相撲にかこつけ先生に抱きつくことが嬉しくてたまらず本児は担任が大好きになった。だんだん授業中に落ち着くようになり，叱られることが激減。専科の先生からも驚きの声があがった事例である。

（4）担任の先生と二人だけの時間

　小学3年の男子。自分の感情のコントロールができず攻撃的。些細なことですぐにキレてしまうので担任からよく叱られていたがなかなか変容はしなかった。困った担任から相談された私は，他の児童が帰ってから「担任と二人だけの時間」を作るように提案した。それから問題行動があった日は必ず担任は2人だけの時間を作って本児の気持ちを十分に聞き，担任の思いも話してきかせた。本児もその時間が嬉しかったのか，2人だけの時間を一度も拒否することはなくその年度の終わり頃には攻撃行動が減っていった。小学4年に進級した時にも担任に同じように本児と二人だけの時間を作ってもらったところ，2年かかったが本児の攻撃行動は激減した。

7 全ての子どもに愛着の視点を

　これらの事例から愛着に問題がある子どもには"教師と愛着関係をつくることができれば学校での問題行動は減っていく"ことがわかる。ポイントは米澤（2015）も述べている通り"1対1"の支援であり"自分と先生"という気持ちを持たせることだと思う。全ての子どもを愛着の視点を持って見守り，見極めポイントによって発達の問題と区別し，必要があれば学校の誰かと愛着関係が結べるように支援していくことができれば，今の学校現場が抱える子どもの問題行動を減らす大きな光となるだろう。

【文　献】

宮内英里子．（2016）．子どもの問題行動に愛着という視点を．*月刊学校教育相談6月号*, 28-32．
岡田尊司．（2012）．*愛着崩壊：子どもを愛せない大人たち*．東京：角川学芸出版．
岡田尊司．（2011）．*愛着障害：子ども時代を引きずる人々*．東京：光文社．
杉山登志郎．（2007）．*子ども虐待という第四の発達障害*．東京：学研プラス．
米澤好史．（2015）．*「愛情の器」モデルに基づく愛着修復プログラム：発達障害・愛着障害現場で正しくこどもを理解し，こどもに合った支援をする*．東京：福村出版．

2 愛着の視点でのこども理解と支援の実際 ——小学校での実践

山本敬三

1 こども理解とアセスメント

　筆者は,「愛着の問題を抱えるこどもの行動尺度」(山本・米澤, 2018) を, 愛着の問題を抱えるこどもを早期に見つける簡便な枠組みとして活用している。
　教員が「気になる」と感じる時は主観的なものが多く,「気になる」を具体的に言語化し, 客観的なものにしていく必要がある。その「気になる」多数の事例から, 行動特徴を言語化した「愛着の問題を抱えるこどもを発見するためのチェックポイント」(米澤, 2015) の, 状況と行動を具体的に細分化したものが「愛着の問題を抱えるこどもの行動尺度」である。この尺度は, 学校現場で得られた具体的な行動であるため, 偏見のないアセスメントが可能なツールである。小学校で活用した際は「これも愛着だったんだ」という気付きにつながり,「ゆとりをもって行動を見守れるようになった」という報告も受けている。
　特に「気になる」こどもについては, 巡回相談における専門家のアセスメントやスクールカウンセラーのアセスメントも併用し, 全教員と専門家も交えて1年間を通して追跡観察を行っている。定期的に現在と過去の様子を比較し, 改善した部分や効果のあった支援を検討し, 支援方法やねらいを見直し教員間で共通理解を図る。このような多角的なアセスメントが, 正しいこども理解につながると考える。

2 支援の実施

　キーパーソンとこどもが信頼関係を築き, キーパーソンがこどもの安全・安心基地となることから始める。次に, 人的・物的環境をこどもの実態に合わせ, 主体的に関わる教員の具体的な役割分担を行う。最後は, キーパーソンがこど

もの探索基地としての機能を果たすという，3段階でこどもを支援していく。

（1）キーパーソンの設定

　男女問わず，こどもを正しく理解し，こどもと関わりのある教員ならキーパーソンを務めることができるといえる。愛着の問題の程度によって，個別性の高いキーパーソンが必要な場合もあるが，低学年は，関わる機会が多く，一対一になりやすいので，担任がキーパーソンを務めることが多い。高学年になると，他者の目を気にする場合もあり，担任以外の教員がキーパーソンを務めることもある。もちろん失敗例もある。こどもに責任を転嫁するキーパーソンや，教員が各自の判断でキーパーソンを交替した場合は，こどもとキーパーソンが信頼関係を築くことができず，対応が後手に回ることが多かった。

（2）人的・物的環境の整備と役割分担

①リラックスルーム

　予定不安が高い4年男児に対して，不安な感情が高まった時や，教室に居ることが辛く感じる時に，キーパーソンと過ごすリラックスルームを設定した。

　リラックスルームでキーパーソンと過ごすことで，キーパーソンと居ることの安心につながった。また，感情をコントロールできない時も，イライラした環境から切り離し，キーパーソンとクールダウンを行った。リラックスルームを活用することで，こどもの安心とキーパーソンを結びつけることができた。

②支援カードと交換ノート

　算数の宿題を完璧にしないと不安で入室できない4年男児や，溜まったイライラを誰かに理解してもらえないと感情が爆発する5年男児に対して，提示するとキーパーソンと個別に過ごすことができる支援カードを提供した。

　支援カードを始めた頃は，両者ともカードを毎日使用していたが，次第に「持っているだけで安心」というお守り効果となり，カードの使用頻度が低下していった。この場合のキーパーソンは担任以外が適当となる。

　自己の不安な感情を伝えるのが苦手で，保護者を介して伝えてくる4年男児。保護者自身の不安も高く，学習内容や活動への質問が多かったので，キーパー

ソンと保護者との情報交換ノートを作成した。学校からは，学習や活動でのこどもの小さな成長を具体的に書き，その際の手立てや声かけも書くようにした。保護者には，家庭での様子やこどもが不安に思っていることを書いてもらった。

　こどもの行動や心の状態を共有することで，保護者の不安が低減した。また，保護者自身がこどもとの関わり方を見直す機会にもなり，こどもが保護者から認められることが増え，こどもの不安も低減した。保護者へこどもとの関わり方の変化を促す支援も，小学校にできる保護者サポートであると考える。

③個別予習支援と予告支援

　日直の仕事に不安を抱いており，日直の日が近づくと登校を渋る4年男児に対して，事前に日直の仕事や日直の言葉を，キーパーソンと教室で予行をした。

　予め経験することで，予定に対する不安が低減し，活動に参加できた。また，キーパーソンと一緒に予行し，当日もかたわらにキーパーソンが居ることも安心につながった。個別予習支援は，不安の高いこどもに効果的であった。

　こだわりが強く，自己の中で納得するまで行動しない2年女児に対して，今後の予定を前もって説明しておき，また，話を聞いていないことが多いので，近くまで行き「今から〇〇するよ」と，次の行動を伝えておいた。

　行動の見通しをもてたので，本児のこだわりを小さく抑えることができた。また，自分だけ言ってもらえたという特別感もあり，意欲的に取り組めた。さらに，次の行動にスムーズに移ることができたときは，ほめることもできた。

④役割分担の明確化と，ほめる連携支援

　習い事が忙しく，生活リズムが乱れており，遅刻・欠席の多い3年女児。持ち物がそろわず，宿題もしていない。キーパーソンへは常に身体接触を求める。

　教員は，キーパーソンが「知ってるよ」「聞いてるよ」と，本児のことをほめ・認めることができる情報をキーパーソンに伝え，また，キーパーソンからの情報を元に「キーパーソンがほめていたよ」と本児に伝えるようにした。

　教員が役割を意識して，計画的にこどもに働きかけることができた。こどもに対しての役割分担であるが，教員とってもわかりやすい支援となった。

⑤引き継ぎ支援

　現キーパーソンと関係が良好で，キーパーソンが居れば落ち着いて行動できるようになった3年男児。母子ともに不安が高く，新年度も，現キーパーソンへの依存が予想されるので，新年度が始まる前に，対象児と母親に来校してもらい，現キーパーソンから新キーパーソンへ形成されている愛着を引き継いだ。

　現キーパーソンが新キーパーソンを紹介すると，こども自ら「お願いします。」と言え，その後も両キーパーソンと良好な関係が続いた。引き継ぎ支援は，こどもと現キーパーソンの関係を切るのではなく，愛着形成を1人から2人に広げたと捉えることができる。

(3) キーパーソンが探索基地として機能する──支援ノートの活用

　日々の学校生活に意欲をもてず，「俺は，俺なりにがんばってるのに」が口癖の4年男児。ネグレクトで通告された過去もあり，保護者の協力が期待できない本児に対して，一日の予定や毎時間のめあてをキーパーソンと共有するノートを作成した。学習時のめあては，「黒板の字を写す」など，こどもが確実に達成でき，キーパーソンが増やしたいと考えている行動にした。また，キーパーソンは，毎時間こどもと立てためあてを評価し，コメントやシールで視覚的に伝えた。そして下校時に，キーパーソンと一緒に一日のふり返りを行った。

　一日の予定を構造化し，毎時間のめあてを具体的に示すことで，見通しを持って行動できるようになり，予定不安が低減した。また，評価の場面を細分化したことが，ほめる・認める回数の増加につながった。さらに，視覚的な評価が外発的な動機づけとなり，意欲的に取り組めるようになった。このように，キーパーソンと一緒に成功体験を積むことは，達成感や喜びとキーパーソンを結びつけることができ，より一層キーパーソンとの関係が強化されると考える。

3　まとめと課題

　何年生からでも愛着の修復が可能であると言えるが，低学年では身体接触を求め，高学年になると自己防衛（言い訳や自己正当化）や籠もる行動をとる傾向がある（山本・米澤，2018）。愛着の問題があるこどもの行動が，身体接触か

ら自己防衛に変化すると仮定するならば，他者に助けを求める行動から，自分で自分を守る行動へ変化していることになる。他者に助けを求める段階で，つまり低学年のうちに愛着修復の支援を行う必要があると考える。

愛着の修復は，「こどもへの支援」「人的・物的環境の整備」「保護者のサポート」など，複数の領域における同時的・並行的・継続的な支援が求められるため，一部の教員だけで実践できるものではない。組織的で一貫性のある支援体制を構築する必要があり，支援を行うときは，教員間で情報を共有すること，支援方針を一致させることが重要となる。

また，愛着の視点での支援は，こどもの行動の改善をねらいとするのではなく，キーパーソンをはじめとする大人の反応性の変化とこどもの置かれている環境の整備をねらいとし，特に，キーパーソンとの関係構築が，愛着の問題を抱えるこどもにとって最大の支援となる。様々な支援を行う前に，キーパーソンがこどもの安全・安心基地となることから始める支援を提言したい。

【文　献】

山本敬三・米澤好史. (2018). 愛着の問題を抱えるこどもの行動に関する研究　愛着の問題行動尺度作成と意欲,愛着タイプとの関連. *和歌山大学教育学部紀要*, 68 (2), 17-29.

山﨑茜・田崎慎治. (2017). 愛着に課題のある子どもを育て直す「チーム学校」の可能性：子どもの愛着に関する研究の動向と課題から. *広島大学大学院教育研究科学習開発学講座*. 10, 49-55.

米澤好史. (2015). 「愛情の器」モデルに基づく愛着修復プログラム：発達障害・愛着障害現場で正しくこどもを理解し,こどもに合った支援をする. 東京：福村出版.

3 小学校での愛着の問題を視野に入れた支援

清水初穂

1 はじめに

　特別支援教育が制度化され，学校では，特別支援教育コーディネーターを指名し，校内委員会（本校では，教育相談会）を開催することが求められている。そこでは，特別な教育的支援が必要な子どもたちの実態把握を行い，他の参加者とともに支援方針，支援の手立てを考える。その際，学習や生活，行動面の表面に現れている状態の裏に隠されている要因を正しく捉えることが大切である。そのために，児童の学校や家庭での様子の観察や聞き取り，テストやノート類，心理検査等々からの情報収集に努める必要がある。特別支援教育コーディネーターとして参加した筆者の経験から，相談にあがった子どもたちは，診断名のあるなしに関わらず，LD，ADHD，高機能のASD等の発達障害の特性がある場合が多いように思われる。

　しかし，発達障害の視点だけでは考えにくい難しさを抱えた事例，支援がうまくいかない事例も経験してきた。杉山（2007）は，「子ども虐待という発達障害」として，発達障害と似ているがしっかりと鑑別して支援する必要性を説いている。虐待を受けた子どもは，安心を与えてくれるはずの養育者から被害を受けるので反応性愛着障害を引き起こし，重大な対人関係の問題だけでなく，衝動や怒りのコントロールの障害を来たすと述べ，被虐待児へのケアは，第1に安心して生活できる場の確保，第2に愛着の形成とその援助，第3に子どもの生活・学習支援，第4に精神療法でのフラッシュバックへの対応とコントロール，乖離に対する治療であるとしている。しかし，発達障害が虐待を受けるリスク要因となる等，両者が絡み合っていることも多いことを指摘している。

　一方，米澤（2005）は，子ども自身に発達障害がある場合，育て方，関わり方そのものにそれほど問題がなくても，養育者と子どもとのニーズのずれや与

えるタイミングのずれにより愛着の問題が起こる可能性が非常に高まると指摘している。そして，愛着の形成，修復は，1対多の関係では極めて困難であり，1対1の関係から始めることが必要であると述べている。子どもたちの支援を考える際，発達障害だけでなく，愛着の視点からのアセスメントも的確に行うことにより，適切な支援方法を創出しなければならないと考える。

本稿では，愛着の問題と発達障害特性がある子どもの支援について整理するとともに，今後の課題について考察する。

2 愛着の問題と発達障害特性がある子どもへの支援

（1）虐待が疑われるケース

学校には，身体的虐待，ネグレクト等であることが明白で，地域や学校等から通告，要保護児童対策地域協議会等を開催し，関係機関が情報共有し，連携して支援している子どもがいる。

A児は，授業に参加せず，離席し，本棚やロッカーに上ったり，はだしで教室から出て徘徊したりする。体操服や上靴など，持ち物がそろわない。宿題はしてこない。休み時間は，友だちにちょっかいを出し，トラブルを起こす等を主訴として教育相談にあがった。A児の行動は，多動，衝動性の特性のある発達障害に似ているが，虚言が多く，季節に合わない服装，持ち物がそろわない等，ネグレクトによる愛着の問題も考えられた。またA児は，2年生になっても平仮名の読み書きが不十分で，読みもたどたどしいなど，家庭環境の影響だけでは考えにくい学習面の問題も大きかったので，教育相談会では，A児の状態は，愛着の問題および発達障害の両面から生じていると考えて支援方法を検討した。愛着の視点では，愛着対象となるキーパーソンを誰にするか話し合い，A児に優しく接していた担任をキーパーソンとした。心理検査の結果から，認知発達に偏りがあり，読み書きの学習にはA児にあった方法で習得することが必要だという判断から，A児の学習やソーシャルスキル面等の支援は，通級教室担当者が行うことになった。授業中の基本的なルール（許可のないときには教室にいる。座っておく等）を守れたら，ポイントがもらえるというトークン

制を導入し，ポイントがたまったら，キーパーソンに放課後1対1で本児が好きな絵本の読み聞かせをしてもらえるようにした。運動会では，自分の学年競技への参加や応援席にいるという約束を行い，達成できた項目ごとにシールを通級担当からもらい，シールを貼ったポイントカードをキーパーソンに見せて褒めてもらえるよう計画する等，キーパーソンから褒められる機会を意図的に作った。教室にいることがつらくなった時には，許可証（教室に戻る時刻を明記）を持って，教育相談室に行くというルールも決めた。教職員全体には，授業中，A児が校内を徘徊している所を見たら，許可証があるかどうか確認し，ない時には，教室に戻ることを促すよう共通理解した。A児は，兄弟が多く，母も頑張ってはいるが仕事との両立が難しいこと，精神的なしんどさも抱えていることから，スクールソーシャルワーカーにも入ってもらい，母親のしんどさへの支援についても検討した。学習面の課題が大きいことから，年度替わりで支援学級に移籍することになったが，学校を徘徊する，友だちとのトラブルなどの不適切な行動は減った。

（2）愛情の受け取りのずれにより愛着の問題を抱えるケース

　保護者は，虐待をしているわけではなく，子どもをしっかりとみているのだが，子どもに発達障害の特性があるために，受け取り方にずれが生じ，愛着の問題を抱える子どもがしばしばいる。

　B児は，1年生の時から，完璧主義でこだわりが強く，自分が納得いくようにできない時には，パニックになっていた。また，不安が高くなると教室に入れなくなり，3年生でも，10月ごろから教室に入れなくなり，一日中保健室で過ごしていた。登校は，保護者に送ってもらっていたが，校門で母親と離れられず，毎朝泣いて動かなくなっていた。学習の理解は良好だが，集団のペースに合わすことはできず，極端に時間がかかっていた。休み時間には，本を読んだり，特定の友達と一緒にいたりするが，自分から声をかけることは難しく，どのようにコミュニケーションをしたらよいのか悩んでいた。教育相談会では，ASDがベースにあり，さらに学校生活における不安から母子分離不安を来していると考え，発達障害と愛着の問題の両面の視点から支援を考えた。学校で安心できる居場所として，常に不特定多数の人が出入りする保健室ではなく，

人の出入りが少なくて安心できる教育相談室をあてた。そこには，毎朝，不登校支援のために配置された支援員がいたので，安心感を与えてくれるキーパーソンとして機能した。不安を軽減するために，学校に来たら何をするかが分かるように一日の流れをメモして机上に貼ったり，通常学級で分かりやすい役割を与えたりすることにより，不安を少しでも和らげることができるよう作戦を立てた。B児は，絵が好きなので，朝登校したら，カレンダーに絵を描き，教室に掲示してもらうようにした。また，劇の脚本を書くことが得意なので，学級で取り組む劇の脚本作りを担当し，クラスメイトと演じたり，脚本を教室に掲示してもらったりなど，できたことを視覚化する支援を計画した。通常学級では，B児が入りやすい座席の工夫，活躍できそうな学級での取り組みの設定等々，環境を整えた。先の臨床心理士の配置がなくなってからは，通常学級との橋渡しを通級担当が担った。また，通級教室では，自分の良さに気づく取り組みや，雑談の仕方を練習するなどのソーシャルスキルの学習，完璧主義的な考え方，不安を生みやすい考え方を別の考え方に修正するプログラムを実施するなどの支援をした。また，教室に入りたいという子ども自身の気持ちを尊重しつつ，本人との話し合いで目標を決め，スモールステップで達成していくようにした。不安からくる強迫性の問題は，外部機関の親子カウンセリングや医療と連携した。

　このような支援の結果，5年生では，ランドセルは，心のよりどころとしての教育相談室に置いていたが，すべての教科を教室で受けることができるようになり，継続できている。気を張らない友だちもでき，学校のない日も約束して遊ぶことができるようになった。

(3) 事例から考えた合併ケースへの支援について

　前項で挙げた2つのケースは，虐待の有無にかかわらず，発達障害と愛着の問題を抱えているという点で共通している。その他にも，同様なケースがたくさんある。

　それらの支援を振り返り，成果が見られた要因を考えてみたことを，以下にまとめた。

- 教育相談体制が整っていること。相談窓口が，子ども支援という視点で一本化されており，関係者が一堂に会し，情報収集を綿密に行い，必要に応じて心理検査等の客観的な資料の提示の中，実態把握を確実に行い，組織として検討し，役割分担を明確にしたこと。
- 利用できる外部の社会資源を有効に活用し，周りの物理的，人的環境への働きかけも視野に入れたこと。
- 発達障害だけの視点ではなく，愛着の問題を抱えたケースとしての気づきからキーパーソンや居場所支援を行ったこと。
- 愛着の問題への支援に発達障害支援を融合させたこと。

3 まとめ

　養育者が一生懸命関わって養育していても，発達障害があることで意に反して愛着の問題を抱えることが多いという実感がある。したがって，保護者を責めるのではなく，保護者も支援対象と捉え，組織として何ができるかを検討することが大切である。また，支援は長期化することが考えられるので，キーパーソンなどの引継ぎを，スムーズにしていくことや，支援方法に迷いが生じた時に相談できるスーパーバイザーの存在は貴重である。紹介した2つのケースでは，幸いにもスーパーバイズを受ける機会に恵まれたが，すべての地域，学校において可能とは限らないので，さらなる体制整備が望まれる。

【文　献】

杉山登志郎. (2007). 発達障害の子どもたち. 東京：講談社.
米澤好史. (2015).「愛情の器」モデルに基づく愛着修復プログラム：発達障害・愛着障害現場で正しくこどもを理解し, こどもに合った支援をする. 東京：福村出版.

4 トラブル対応シナリオ化の試み

齋藤良直

1 はじめに

　感情コントロールの困難さを抱えた児童生徒と過ごす機会に恵まれた。私の役割は，教室に入れない子どもとの個別対応が多かった。よかれと思って子ども主体のかかわりをした時は，いつのまにか子ども主導になってしまい，散々な目にあった。また，大人主導のかかわりをした時は，大人主体にもなってしまい，子どもから疎まれるようになった。子ども主体でありつつ，大人主導でかかわる必要性を感じながらも，具体的イメージが持てずにいたところ，ARPRAM（「愛情の器」モデルに基づく愛着修復プログラム）（米澤, 2015）を目にした。

　ある時，子どもが興奮して大暴れしている場面に出会った。私が後ろからそっと近づき，両肩に手を添えたところ，子どもは脱力し私に身を預け，場面は一気に沈静化した。この子どもとは，ARPRAMを参考にした個別対応を積み重ねていたところである。自ら感情コントロールする力をつける上で，大人のかかわりの重要性を実感するできごとであった。

　以来，子ども主体大人主導の具体的なやり取りを意識しながら試行錯誤したが，いつでもうまくいくというわけではなかった。そこで，適切なかかわりが安定してできるよう，具体的イメージを想起しやすくするツールとして，子どもが自ら感情コントロールした場面を集約・整理し，トラブル対応のシナリオ化を試みることとした。

2 普段の関係づくりのポイント

　トラブルへの対応に目が向きやすいところであるが，いざという時をうまく

収めるには，普段の地道なかかわりの積み重ねを忘れてはならない。ここでは，個別対応の時間が確保できる場合を例とし，そのポイントを紹介する（表6-4-1）。

表6-4-1　普段の関係づくりのポイント

1　興味・関心等の共通因子を探る
（1）　教師自身ものれそうな共通因子を見出せるとよい。
　　　※　共通因子⇒例：「もも」「りんご」→くだもの
　　　　　　　　　　　　「折り紙」「パズル」→数学的
　　①　子どものネタより，さらに専門的な内容のネタが提示できると，なおよい。
　　②　子どもの"憧れの的"になれるネタを探る。
　　　→個別学習の機会がなくても，関係づくりをしやすくなる。
（2）　興味・関心等を分類する視点
　　①　動的（体を大きく動かす）か，静的（机上中心）か
　　②　室内で取り組めるか，室外で取り組むものか
　　③　狭い個室で取り組めるか，広い場所で取り組むものか
　　　※　工作・調理関係は，比較的ヒットすることが多かった。
　　　　→工作・調理の活動の一部分に教科の意味合いを持たせることは可能。作ったものの扱いに要配慮。
　　　　→難易度は配慮するにしても，することが明確で見通しが持ちやすいことから熱中しやすく，作業の居場所支援になりやすい。また，子どもの願いをかなえるためには，教師がリードしやすい内容が多いことから，人間関係の居場所支援にもなりやすい。

2　子どもがのりそうな選択肢を用意する
（1）　教師の目的は，子ども主体大人主導の関係づくりであるから，教科的内容にこだわらない。
（2）　結果的に子どもの興味・関心のある好きな活動にする。教師側から先に提示することが大事。
（3）　楽しくなってくると，「また，遊ぼう」等言うことがある。周囲への配慮から，少し修正し，「ちなみに，この時間の名前は『〇〇先生との学習』でいこうね（以下の項参照）」と，念押しする。
（4）　関係づくりが進み，トラブル対応がスムーズにできる関係になったところで，学習負荷を高め，教科教材の提供も試みる。もちろん，子どもの発達特性・認知特性を踏まえた教材を工夫する。
（5）　学習負荷に対応できるようになったところで，人間関係負荷を高めるような友達やみんなの中での取り組みを試みていく。合わせて教科担任等の大人とのつながりも広げていく。

3　本人・周囲共に，説明のつく，もっともらしい別の意味づけを工夫する

（1）　課題（不適切行動の修正）が，自覚しにくい子どもが多いことを踏まえて，表現を工夫する。

（2）　端的な表現で子ども自身が口にしやすい名称にする。

　　　例：○○先生との学習（関係性を意識化）

　　　　　　関係づくりが進み，課題にかかわる認識が可能そうな時

　　　　　　　→コミュニケーション学習，（思うようにいかない時の）落着き学習，約束の学習，苦手の練習，等

（3）　教科学習の意味づけが可能であれば，しておく。

4　事前に計画して提示した時間割（授業枠）で取り組む

（1）　普段みんなと一緒の教室で取り組みにくい授業について，意図的に個別学習にあてる。

（2）　子どもの思いつき・気分に流されて設定することは避けたい。

（3）　緊急で対応せざるを得ない場合もある。その時は，「やっぱり。来ると思っていたよ」と主導権を握り直してから取り組む。

5　選択肢を複数提示する

（1）　提示順は，その時々の様子によりバリエーションがあってよい。例えば，一部は教師が決め，残りは子どもが決める。項目の一つは，子ども側からの提案した活動を入れることもよい。

（2）　子ども主体ではないが，教師の都合で取り組んでほしい内容も，時々生じる。そういった内容は抵抗感が大きいので，子どもの好きな活動の間に挟みこむなど順番を工夫して提示する。

6　取り組んでいる中での工夫

（1）　基本，教師も子どもと一緒に楽しむ。"ワクワク""ドキドキ"の感情の共有を大切にする。

（2）　やり取りしながら，コミュニケーションの癖（受け止め方，嫌がる伝え方，伝わりやすい伝え方）等を観察する。

（3）　関係づくりが進んできたところで，さりげなく課題（不適切行動の修正）にかかわって，子どもが受け入れやすいタイミングや伝え方を演出しながら，言葉がけをしていく。

（4）　子どもからの問いかけや提案がある場合，子どもが満足する内容のプラスアルファの再提案ができると，なおよい。

　　　例1：子ども「○○って，□□だよね」⇒教師「そうだね。そして，☆☆だよね」

　　　　　　→子どもが「へぇ～，なるほど」と感じられるとよい。

　　　例2：子ども「△△したい」⇒教師「やっぱり。だったら，◎◎だと，もっといいよ」

　　　　　　→子どもが「ほんとだぁ。よかった」と感じられるとよい。

（5）　子どもへのうれしいサプライズが時々あってもよい。
　　　　　「今日だけ，特別ね」と伝えて提示する。

7　振り返りを位置づける
　　（1）　行動・感情・関係性の要素に分けて，つなげる。
　　　　　例：「○○したから落ち着いたね。□□先生と一緒で落ち着けたね」
　　（2）　「どうだった？」ではなく「こうだよね」と言い当てる。慈しむ気持ちで。普段から子どもを"けしからんヤツ"と見ていると，口調や雰囲気から，上から目線・押しつけ感が表れてしまい，子どもから見抜かれ，距離を置かれてしまう。普段の子どもの見方が問われる。

3　トラブル対応シナリオ化の試み　TYPE I（小学校）

　普段の地道なかかわりを土台に，トラブルへのかかわりが可能になる。このトラブルをうまく収められると，関係性は，さらに確かなものになる。ここでは，よく見られる場面の一つ，2人の子ども同士のトラブル対応について，シナリオ化の試みI（表6-4-2）と解説（表6-4-3）を紹介する。

表6-4-2　トラブル対応シナリオ化の試み I

A児（小学3年児童），B児（小学5年児童），T1（教師），T2（教師）

A児の挑発がきっかけとなり，B児が暴言を返し，互いにエスカレートしはじめた場面を，T2が発見。

1　T2　A児・B児の間に割って入り，B児に背を向け，A児に移動を促す。
2　T2　A児に，「いつも我慢しているのに，今日は，我慢しきれなくなっちゃったんだね」
　　A児　「B児は，いつも嫌なことを言ってくる。我慢なんかできない」
3　T2　「そうだね。よく我慢しているA児は，先生，すごいと思うよ」と言いながら，場所を移動。相談室に促す。「T1に，よくよく話をしてごらん」と，T1に引き継ぐ。
4　T1　T2の動きを察知し，相談室に移動。A児の対応を引き継ぎ，着席を促す。
5　T1　「いつも我慢しているA児が，珍しくイライラしちゃったね。きっと，B児に暴言を言われたんだよね」
　　A児　「B児はクソやろうだ。いつも暴言だ。許せない」
6　T1　「自分は我慢しているのに，B児の言い方がひどいってことだよね。そうだよ

なぁー，よくわかるよ」
「でもなぁ，A児も『クソやろう』とかって続けていると，そりゃB児も余計怒るよね。人がここまで怒るって珍しいよ。ただの予想だから分からないけど，A児もいつも言っているから，ここまで怒るんじゃないかなぁ。まぁ，もし，続けるならB児はまた怒るし，先生も守りきれないなぁ。A児なら，知っている通り，謝った方がいいよね？」

A児　「B児に謝る」

7　T1　「A児がそう思うなら，謝った方がいいよね。ただし，B児がどう思うかはB児のことなので，聞いてみないと分からないけどね。B児の話を聞いてくるから，待っててくれるかな」
A児の興奮が収まっている感じだったので，A児を残し，相談室2に向かう。

8　T2　その場で暴言を続けるB児に対応する。
B児　「クソッ，あいつ（A児）なぐってやる」

9　T2　「（なぐってないと先生わかってるけど）で？　なぐったの？」
B児　「いや……」

10　T2　「やっぱり。さすが！　我慢してるじゃん。強くなったね」
B児　「あっ，いや……，でも，A児はいつも挑発してくるんだよ。イライラするの当然だろ。先生（T2）も一緒だろ」

11　T2　「それは先生も賛成だな。イライラするのは当然だな。でも，暴言は言わないけどね」
B児　「暴言はよくなかったと思うけど，先に言ったのはA児だ。A児がいけない」

12　T2　「さすが5年生。暴言がダメなこと，よく分かってるよね。暴言を言わないように，頑張ってるもんね。でも，いつも挑発されてるとイライラしちゃうんだよね」
B児　「そうだ。いつもイライラさせられる」

13　T2　「先生と気が合うね。違うのは，暴言を言っちゃうか，言わないかだね」
B児　「A児のせいだ。A児がいけない」

14　T2　「なるほど。そういう言い方すると，みんなが嫌がるって知ってるB児はすごい！」
「立ってるのも何だから，相談室2に行こうか」と，B児を相談室2に促す。息は荒々しいが，話が聞けそうなので，移動後着席を促す。

15　T1　水を入れたコップを2つ用意し，相談室2をノックする。
「どうかな。水を持ってきたから飲んでみる？　B児どうぞ。こっちはT2の分ね」と，手渡した後，相談室2から出て，廊下で待機する。

B児　コップの水を飲み干す。

16　T2　「さてと。これからどうするかな。作戦立てようか」
「作戦1。挑発されてイライラしちゃって，さっきみたいに暴言しちゃって，みんなから嫌われる」
「作戦2。イライラしちゃったら，今みたいに，先に先生と話をして，さすが5年生って思われる。どっちを頑張る？」と，両手で1・2と指を立てる。

愛着の視点からの支援の実際 ── 小・中・高等学校・支援学校　第6章

	B児	「作戦2」と，2を示した指に手を伸ばす。
17	T2	「というと？，先生と相談する方を頑張るんだね。じゃぁ，先生もB児と一緒に頑張るね」 「もう一つ，やっといた方がいいことあるけど」
	B児	「謝る」
18	T2	「さすが。そう言うと思ったよ。A児が何て思うか分からないから，B児が謝りたいって言ってたこと，伝えてくるよ。ちょっと待ってて」 収束した感じなので，室内にB児を残し，廊下で待機していたT1と謝罪方法を打ち合わせる。

表6-4-3　トラブル対応Ⅰの解説　※数字はシナリオの番号

1　劣勢と思われる方から介入する。

2　教師の見ている範囲では，いつもA児は挑発的であるが，両価的なとらえで介入し，教師の話を聞き入れやすくする。「どうしたの？」との質問ではなく，「こうだよね」と言い当てる。

3　児童の思いを承認。実際は我慢できているとは言いがたいが，我慢していることにしてⅠ（アイ）メッセージで褒める。教師の基準で，できていないことを指摘すると事態は悪化し，何も育たない。児童としては，必死で頑張っていることが多い。教師と一緒にいることで落ち着けたという経験をし，関係性を築くことを最優先するために必要な工夫。

4　普段から，チームでの動き方を確認し，典型的な対応パターンを共通理解しておく。

5　シナリオ2と同様，両価的なとらえにより，話を聞き入れやすくしている。質問でなく言い当て。

6　児童の不適切な言動は一旦スルーし，思いを承認する（相手の不適切行動は否認）。言動は不適切であることについて，相手からの反感として指摘。いつも挑発的であると感じてはいるが，決めつけ感を和らげるために前置きする。不適切な言動を続けた時のデメリットを伝える。普段から，教師が気にかけて守っていることも，さりげなく伝える。

7　児童の思いを引き出す視点で行動を促す。前もって，相手が謝罪を受け入れない場合もあることを伝え，そうなった時に，介入しやすくする伏線をはっておく。興奮状態が続いている時は，さらに収まるまで対応する。謝罪に納得しない場合は，イライラの大きさを認めることにとどめ，謝らせることに教師がこだわりすぎない。

9　なぐっていない"今"に目をつけ，教師はなぐっていないことを知っているよと確認しつつ，視点を変えさせる。状況を感情（なぐりたい）と行動（なぐる）に分けてとらえる習慣が必要。関係がよくない場合は，詰問されたと受け止められ，逆効果のこともある。状況がつかみきれていない時は，「何か，あったんだよね？」と，緩い

言い当てが無難。関係がしっかりできていないうちは、スルーしてもよい。
10 不適切行動をしていないことを適切行動として意味づけ、意識させる。なくて当たり前のこと、起きていないことにも目を向けられると、かかわりの視点が増える。相手に力を示すことを強さととらえる傾向があるので、自分の気持ちの強さに目を向けさせ、価値観の修正につなげる。
11 負の感情を承認。"賛成"の言葉で、教師の話を聞き入れやすくしている。一方で、不適切な言動はⅠ（アイ）メッセージで否認する。
12 相手の責任にすることに、教師自身がイラッとしやすいところであるが、グッとこらえ、部分的によい点について褒める。ただし、「分かっていることは、よい」と、「よい」のラベルを明確にはることは避ける。「よい・悪い」のラベルそのものにこだわりがちになることを避けるためである。教師から見ると、いつも暴言を言うように感じるが、両価的にとらえ、頑張りを褒める。改めて、負の感情を承認する。
13 児童と教師が同じ立場にいると感じさせる一言。不適切な行動については、一貫して認めない。教師の話の受け止めモードを察知したところで、スムーズに場所の切り替えを促す。
14 他責的であることを否定するのではなく、他者から自分がどう見えるかについて、実際は知らなくても、知ってほしいことを、既に知っていることとして伝え、自分に目を向けるきっかけとする。
15 可能な時は、指導に煮詰まることを避けるためにチーム対応（交替目安15分。交替後者から声をかける）。収束状態のタイミングや何らかの口実をうまく作り出し、水や氷等を口に入れる機会を作り、子ども・教師共に、生理的に感情の落ち着きを図る。
16 児童の実態や関係性から、伝わりやすい表現を工夫する。納得しやすい選択肢（メリット・デメリット、周囲からの評価、等）の提示により、教師の意図を受け入れやすくする。可能そうであれば、方向性や解決策を一緒に考える（ただし、時間をかけすぎず、短時間で）。提示方法は、動作や紙に書く等により、記憶に残りやすくする。作戦１を選ぶ場合は、教師との関係性が十分でないので、普段の子ども主体、大人主導の関係の積み上げからやり直す。
17 簡単に達成できないことは承知しているので、達成に向けた「意識」「頑張り」が大切であることを強調し、できなかった時の不全感を弱める伏線をはる。
18 児童の思いを生かす視点で行動を促す。思うように謝罪が進まない場合に湧きやすい、負の感情を和らげる伏線をはる。

愛着の視点からの支援の実際——小・中・高等学校・支援学校　第6章

4　トラブル対応シナリオ化の試み　TYPE Ⅱ（中学校）

　ここでは，生徒が都合のよい理由を作りながら授業中教室を抜け出す場面への対応について，シナリオ化の試みⅡ（表6-4-4）と解説（表6-4-5）を紹介する。

表6-4-4　トラブル対応シナリオ化の試みⅡ

C生（中学2年生徒），T3（教師・キーパーソン），T4（教師・教科担任）

1　普段の取り組み
- 特定の教師をキーパーソン（以後，T3）に決め，関係づくりを進めてきた。
- C生の興味・関心，得意なことや苦手なこと，納得しやすい伝え方について，日ごろの観察から得たことを情報交換し，T3に一元化しておく。好きなものは，ゲーム，折り紙，器械ものの分解等，共通因子として「幾何系」「工学系」のものと把握している。
- T4（数学教科担任）とは，まだ，関係性ができていない。前回，授業を無断で抜け出し，誰もいない学習室で，小さな部品を分解して過ごしていた。このことを受けて，数学の時間はT3が対応する体制を組んでおく。

2　トラブル場面のやり取り

　　C生　数学の授業中，再度教室を抜け出して，廊下を出歩いている（告げて出るよう伝えてあったが，黙って出た旨の連絡がT4からあった）。

1　T3　捜索しながらC生の姿を発見したところで，偶然を装い話しかける。「おやぁ，今，数学の授業中だよね。これから教室に行こうとしているところだよね」

　　C生　「何で？　この前も数学は，好きなようにさせてもらったんだよ。今日だって，いいんだよ。いちいちうるさい」と，少し高揚。

2　T3　「ってことは，C生も分かっている通り，T4に言って，出てきたんだよね？」

　　C生　「はぁ？　そんな話聞いてねえし。勝手に決めんじゃねぇよっ！」

3　T3　C生の高揚した反応に，一瞬頭が真っ白になる。そこで，意図的に，むせたように大きく咳をしながら，後ろを向く。数回咳をした後深呼吸して，再びC生と向き合う。
「はぁー，ごめんごめん。むせたーぁ」（間）「そう言えば，この前，ゲームのドラクエやったんだけどさ。すぐやられちゃうんだよ。どうやってやってる？」

　　C生　「ダメだなぁ，先生。あー恥ずかしい。そんなのできないなんて」

4　T3　「やっぱり？　いやー初心者だから，お手柔らかに頼むよ」「それにしても，ここ暑いなぁ。もうちょっと涼しいとこ，そうだなぁ，渡り廊下がいいな」「こっち，回ってこうか」
利用する予定の学習室がある動線を考えて誘う。C生とゲームの話をしながら，この後の動きの提案を考えつつ移動。

第Ⅱ部　愛着の視点からの支援の実際

5　T3　学習室が見えてきたところで,
　　　　「そう言えば, 数学のT4の話, 長くてつまんないんでしょ？」
　　C生　「そうだよ。で, しつこいんだよ」
6　T3　「じゃあー, それは, また考えるとして。この時間は, これ分解するといいよ」と, ポケットからあらかじめ用意していた器械もの（C生が前回分解したものと違うもの）を出す。
　　　　「ちょうど今, そこの学習室使えるから, 先生（T3）と一緒な」と, 学習室に入室する。
　　C生　「いや, 今日は, これだな」と, ポケットから小さな折り紙を出す。
7　T3　「そうくると思った。残念だけど, 今日はこっちの分解だな」
　　C生　「何で？　そんならやらね！　勝手に決めるな！　このクソやろう」
8　T3　比較的高揚せず言ったように感じたので,「また, 心にもないことを。それ, 暴言だよね。そういう言い方すると, 先生が嫌がるって知っててすごいなぁ。それで, 折り紙やれると思ったでしょ」
　　C生　「えっ？　バレた？」
9　T3　時計を見て,「あっ, いけね。ちょっとさ, 職員室行ってくる」「もうちょっと, やれそうなネタ確認してくるから, しばらくここ（学習室）で, 寝てるか, これでも見てて」と, あらかじめ用意しておいたC生の好きそうなゲームの攻略本を置いて, さっさと退室する。
　　C生　ゲーム攻略本を読んでいる。片隅には, 折り紙が折ってある。
10　T3　学習室に戻り,「さすがぁ, しっかり待ってると思ったよ。ありがとう」折り紙のことには触れずに,「で, ネタ探したんだけど, 今日は9マス囲碁とパズル問題集のどっちかだな。先生はパズル問題集がいいと思うけど, どっちにする？」
　　C生　「はぁ？　めんどくさ。この本で, いいんじゃね」
11　T3　「って, なるよね」「君も知ってると思うけど, この折り紙って, 数学的要素のある学習なんだよ」
　　C生　「そんなの, 当たり前」
12　T3　「だよね。同じように, 9マス囲碁もパズル問題集も数学的要素がある学習なんだよ」
　　C生　「知ってるよ」
13　T3　「じゃ, 話は早い。どっちかって言ったら, パズル問題集だな」
　　C生　「嫌だな。9マス囲碁だね」
14　T3　「やっぱりぃ。実はそう言うと思ってたんだ。ちなみに分かってる通り, 今日だけの特別だからね」
15　T3　落ち着いて取り組んでいるタイミングを見計らい,
　　　　「こうやって, やる内容工夫すると, やる気出るでしょ」
　　　　「T3（自分のこと）と一緒だと落ち着くでしょ」

表6-4-5　トラブル対応Ⅱの解説　※数字はシナリオの番号

1　言い当て，枠組を提示する　…　「どうしたの？」とは聞かない。

2　分かっていないように見えるが，肯定的な前振りとして，「分かっている」こととする。さらに，肯定的な表現の質問により，できていないことを指摘される抵抗感を和らげる。

3　即答しがちであるが，間をおき，教師自らをクールダウンさせ，冷静に対応するきっかけとする。合わせて，のってきそうな話題を提供して生徒の認知をそらす。

4　行動を変えてクールダウンを図る。感情の動きを観察したり，教師の提案を考えたりするための時間かせぎでもある。

5　生徒の行動の背景となる不快感情を言い当て承認する。ここを否定すると関係性は築けない。もちろん，Ｔ４に上手に授業改善を促したい。一方的な教師の長い話でつまらないと感じる生徒は多い。

6　生徒の言葉を肯定も否定もせず，受け止める。してほしい活動は，要求が予想されるものとは少し違うもので，生徒がのってきそうなもので，説明がつきそうなものを選ぶ。生徒の希望は尋ねない。

7　実は予想外で，一瞬困るが，そぶりは見せない。生徒の言い分を認めないけれど否定もしない。

8　暴言が反射的で高揚していれば，感情コントロールが難しくなっているので，暴言そのものの是非についてはいちいち取り合わずスルーする。その場合も，シナリオ9のように切り替えるとよい。暴言がダメであることは，全生徒に周知済み。不適切行動が他者からどう見えるか，実際は分かっていなくても分かっていることとして伝え，自己理解につなげる。

9　事前予想が外れ，代案が見つからないので，一旦預かることとする。その場を離れて，生徒のこだわりを和らげる。生徒が嫌がらないで取り組めそうな小ネタは事前に検討し，生徒の伺いも立てずに提示する。しつこく確認すると，こだわりを強化し逆効果。

10　折り紙をしていただろうことは予想済み。認めたわけでもなく否認したわけでもなく，結果的にやりたいことを実現させ，こだわりを和らげ，教師からの提案を受け入れやすくしている。
　　生徒のこだわりに教師がこだわらないのがコツ。選択肢を選ぶ行動自体は生徒に主導権があるが，選択肢そのものが，教師の意図によるものなので，結果的には，主導権が教師にあると考える。もちろん，選択肢の内容は，要求そのものとは違うもので，生徒がのりそうで，共通因子の説明ができるものを設定する。日ごろから，生徒理解を相当深めておく必要がある。

11　実際，知っている可能性は低いが，自尊感情に配慮し，受け入れをよくするための前置きとして，「知っている」ことにする。生徒が要求する行動について，共通因子となる趣旨で意味づけし直す。要求された行動を少しズラし，教師側から再提案するためのポイントとなる。

13　教師のお勧めの逆を選ぶと予想し，あえて生徒が取り組みにくい負荷のある方を教

師が勧める。
14 生徒の選択を分かっていたかのように切り返し，教師が主導権を握る。次回，同じ活動を要求した時にその通りできないことの布石として，特別感を念押しする。
15 日ごろから，取り決めの枠組を外して，自分の都合よくしようとすることが多い。これを愛情欲求エスカレート現象ととらえると，行動と感情，感情と人とを分けて，再度つなぐよう念押しするかかわりが重要。教師自身のお陰とは，奥ゆかしい者にとっては，なかなか言いづらいと感じるが，専門性の高い支援として必要と割り切って，あえて口にする。

5　おわりに

　シナリオ化の試みは，対応に困る場面の一部を採り上げ紹介した。お分かりのように，実際にこの通りの場面はありえないし，どんな場面にでも使える万能のものではない。当然，シナリオ化の試みのみを参考にしての取組みは難しい上に，表面的な台詞回しのみでは立ち行かない。子ども主体大人主導のかかわりは，子ども理解を深めないことには，何も始まらないのである。

　実践にあたっては，愛着にかかわる基本的な共通理解が必要不可欠である。同僚にかかわりの手本となる教師がいると具体的にイメージしながら取り組みやすいが，なかなかそうもいかない。実際には，関係職員の複数人が，対応の具体について，日々ディスカッションしながら取り組んでいる。

　シナリオ化の試みは，この振り返りと練り直しの繰り返しの中から，ありがちなパターンをまとめたものである。もちろん，今も日々修正されている。それぞれの場で，必要となるシナリオ化が試みられ，愛着を軸にした具体的な実践が広がることを願っている。

【文　献】

米澤好史. (2015). 「愛情の器」モデルに基づく愛着修復プログラム：発達障害・愛着障害現場で正しくこどもを理解し，こどもに合った支援をする. 東京：福村出版.
大河原美以. (2016). 子どもの「いや」に困ったとき読む本. 東京：大和書房
小栗正幸. (2017). 支援・指導のむずかしい子を支える魔法の言葉. 東京：講談社

5 小中高を通して，子どもたちの「心を支えること」

中川菜弓

1 はじめに

　私立学校においても生活相談員の必要性を感じ，3年前から一部一貫校小中高の相談員を務めている。この学園には教師として30年ほど勤務し生徒指導の仕事に長く携わってきた。それもあり教師たちとは周知の関係で，また学園の考え方も十分に理解していることで，何とか現在の仕事が務まっている。

2 支援の実際

（1）教師たちと一緒に悩む日々

　小学生のAは，授業中の妨害・無気力，忘れ物の多さ，同級生や上級生とのいざこざ，通学途中の電車内でのトラブルなど，毎日のように話題が絶えなかった。落ち着いた若い女性の担任はAとじっくりと話をしながら辛抱強く関わっていた。会って話せば，人なつっこく愛嬌もあり，話の飲み込みも早い子だった。「学校でのお手伝いも良くしてくれて，えらいね，すごいねと褒めると嬉しそうに頑張る一面もあるんですよ」と先生は教えてくれた。だが，「愛着の問題を抱えるこども発見のための13のチェックポイント」（米澤，2015）を担任と副担任に示すと，そのほとんどをAが満たしていた。

　すでにAの指導に行き詰まっていたこと，Aが愛着障害のチェックポイントにあまりにもぴったりだったことから，さっそく支援を始めることになった。学年団は若い教師たちで勉強熱心だった。しかし，先生たちと一緒にキーパーソンを決めて，さあ明日の朝から始めようと決めたその日，下校途中のAが万引きをし，それも1度や2度ではないことがわかり，やむを得ず進路変更を促す

こととなった。私立の学校ではこのような形で支援が途切れることがある。Aの場合、学校からの毎日の連絡（忘れ物や喧嘩、トラブルなど）に母親が参っている様子もあり生活相談室に誘ったことがあった。しかし「困っていることはありません」と信頼関係を結ぶところまでいけなかった。入学当初から「問題を起こす子」であったので、相談室としてもう少し早く愛着の問題を意識して本人の支援に介入すべきであったし、保護者へも別のアプローチができたのではないかと悔いが残る事例である。

（2）「いじめられた」と登校を渋る子どもをめぐって

　小学校高学年から中学生にかけては、友達とのトラブルの時期である。そういう親和不全を理由に「いじめられた」と登校を渋る子どももよく見かけるが、それらも、誰かに話を聞いてもらったり友達に励まされて何とか登校できるようになることが多い。相談室は保護者の気持ちも支える。不安定な中学生だからこそ子どもたちは安心安全基地を求めており、保護者にはそこをご理解いただいて、上手な距離感を取りながらの対応をお願いしている。

　しかし、ここ1，2年、「いじめ」という言葉が出たとたんに、手のひらを返すように攻撃的になる保護者が増えている。子どもは家では言うことを聞くよい子であって、その子が「嫌な思いをした。学校に行きたくない」と固まってしまう。本人が相談室を訪れることはほとんどなく、来室した保護者の話を聞いても、当の本人の声がなかなか聞こえてこない。登校刺激は本人の気持ちに届かず、とにかく「謝罪してほしい，罰してほしい」ということになる。「いつでも誰にでもあること」と軽く見るつもりはない。むしろ子どもの在り方、親の在り方として新しいケースではないだろうか。「陰湿ないじめ、その先の自死……」と煽るマスコミ報道の影響もあるだろうし、そういうことのないようにと選んだ私立の学校でのことだからということもあるだろう。このとき、子どもの欲しいもの・必要なものは「謝罪や罰すること」なのだろうか。どこかに愛情のすれ違いが起きてはいないのだろうか。こういうケースの場合、結局登校のきっかけを見つけられず辞めていくことが多い。時には「辛い思いをした子の方が何で辞めなきゃいけないのか」と恨む言葉を残して、去っていく。

（3）見えにくい高校生の愛着障害

　高校生の不登校の様子が変わってきた。特に大きな理由もなく何となく自分や生活が嫌になって，突然休み出す生徒が増えた。これまでは「真面目なよい子」だったので，保護者も「中学まではこんなことはなかった」とあせり，戸惑う。あるいは高校そのものに不信感を持つ。中には，「学校をこんなに休むことは，自分の倫理観では考えられない」と激怒したり，腕を引っ張って車から降ろそうとする保護者もいる。愛着の問題を感じるが，高校生になると愛着障害のポイントは見えづらく，チェックもしにくい。おどかしたり叱ったりではもう子どもたちは動かない。

　学校ではどうしても，長年続けてきた「硬い」指導が中心になる。毎日の予習復習，定期テスト前の勉強，宿題，そしてクラブと勉強の忙しい両立を子どもたちに強いる。が，今それらを，これまでのようにはこなしきれない高校生が増えてきた。社会環境や考え方の変化もあるだろうが，ここにも愛着の問題が多く含まれるように思う。叱ると自分を責める，自分はダメだと思い込む，あるいはのらりくらりとすることで心の自己防衛を図る。心の状態が危ぶまれるので教師や親は追及の手を緩め，課題を軽くしたり大目に見たりして，本人は何とかクリアする。しかしここで「よく頑張ったな」と褒めても響かない。彼らの背景には他者との比較が根強くあり，「普通」にあるいは「自分の思うように」はできなかったことをすでに知っているし，それを頑張りきるエネルギーのないことも知ってしまったからだ。評価されることの煩わしさも感じている。心の傷は大人が思う以上に深く，明らかに学校は後手に回っている。

（4）1対1で支えて欲しい子どもたち

　完璧主義者のBは，高校入学当初は頑張っていたが，なかなか自分の思うような自分でいられず，6月に教科担当の教師から課題の未提出を注意されたことをきっかけにバランスを崩し始めた。夏の課題も手につかなくなって2学期登校できなくなった。たまに登校したときも校内でリストカットがあった。Bは「先生に認められたい」気持ちがとても強い子であったので，本人が信頼する女性の教師をキーパーソンに，養護教諭をサブキーパーソンにして，本人が

来たときはとにかく受け入れて時間をつくり徹底的に話を聞くようにした。この「特別扱い」には教師たちの反対もあったが，自殺念慮のある生徒でもあり学年へ協力をお願いした。やがて落ち着きを取り戻しはじめ，キーパーソンの負担と依存も心配されたので，2学期末からは相談員も定期的に介入し，以後毎月1，2回のペースで面談するようになった。その後不安定な時期が繰り返しあったが，養護教諭の支えもあり，2年次は修学旅行を無事に終え，現在は落ち着いて勉強に取り組んでいる。

3　教師に求めたい「支援」の視点

　教師や親の気持ちの中には「特別扱いする」ことへのためらいが常にある。その「特別扱い」は我儘を許容することではないのかと悩む。あるいは，それは学校や教師の仕事なのかと先生たちから問われることもある。変容している子どもへの理解，日常行っている「叱ること」と「褒めること」の意味，1対多ではなく1対1の関係性をつくる大切さ，クラスを意識的に作ることの必要性など教師たちの悩みや困惑に対する大事な視座が，「愛着の問題」にはある。

　私立学校は，教師たちが教科以外のことを学ぶ機会や時間を充分に持てないという現状があり，新しい風も入りにくい。過密な年間行事の中にそれらを何とか滑り込ませ，先生たちと問題意識を共有していくことは，私立学校の相談室の大切な仕事であろう。子どもだけでなく，親そして教師側にも愛着の問題を感じる昨今，外とのつながりも模索しながら，教師たちと共に，子どもたちを，指導ではなく支援できればと考えている。

　一貫校では小中高が互いの状況を理解していることが必要で，相談室は，連絡や調整役を引き受けることもある。これからも，「支援」は「特別扱い」ではなく，教師の大切な仕事のひとつと，先生たちの背中を明るく押していきたい。

【文　献】

米澤好史. (2015).「愛情の器」モデルに基づく愛着修復プログラム：発達障害・愛着障害現場で正しくこどもを理解し，こどもに合った支援をする. 東京：福村出版.

6 スクールカウンセラーとして関わる教育現場の実態と支援の実際

松下成子

1 スクールカウンセラーへ繋がるまでの学校教育相談体制の変化

（1）学校が主訴を決められず，まず観察を！

　スクールカウンセラー（以下，SC）は，自分でケースを選択し子ども達と会うことはできない。訪問先の学校の教育相談体制や担当者の気づき・危機意識に掛かっている。特に小学校では専任の担当者が配置できる学校は少なく，情報の収集もままならない。以前は学校側からケースの主訴を提示されたが，最近は「まず，様子を見て（観察して）ください」から始まる相談が多い。「多分，発達障害だと思うのですが……」「こんな子がクラスに何人もいて大変な状況で困ってます」と，授業観察・行動観察を求められるケースが急増している。

（2）支援・関わり方がわからないまま悩む教育現場

　教室で観察を行う。無邪気な子ども達は幸いにも観察者の存在は気にもかけず，日ごろのままに行動してくれる。先生の指示が出ているのに，いきなり前からの知り合いのように話しかけてくれる子，前に出て黒板に何か書く子，無目的な離席，大声を出す，物を投げる，友達の筆箱を取って鬼ごっこ状態，そのうち喧嘩となる，机の周りは物が散乱している，靴の後ろを踏んでいる，靴を履かない。このような行動をする子どもの一部は，全く先生の指示を無視している訳でもない。そんな教室で，先生の指導に過敏に反応し不適応を起こす子ども，また黙々と指示通り行動している子どももいる。小学校では，このような行動特性を持った子どもについて「愛着の問題を抱えている子ども」「発達の問題がある子ども」など何かがあると考えられるようになった。しかし，その見立てが難しい・関わり方がわからないと相談を受ける。

中学生になると「発達の問題があるか？　それとも非行？」と現場の見立てが変わって，愛着の問題は遠のいていく。最初は一人だが徐々に仲間が増え，考えられない破壊行動につながる危険性も高まり，支援ではなく生徒指導の領域となって行く。この頃になると，子どもの家庭での言動に変化が起こってくる。小学校時代は「家庭ではとてもいい子にしている。先生の接し方に問題があるのでは？」と言って，担任攻撃や学校不信を表していた保護者も，中学生になって行動特性が増すと家庭での反抗的な状況に困り果てる。生徒指導ケースがSCへと繋がることは少ないが，出会う保護者は「実は小学校の時……」と語り始める。結局，彼らの言動（メリット・デメリットも含め）をどのように理解し整理し，支援に結び付けていくのか，現場の悩みは深い。教育的指導には収まらず，学年が上がるにつれ非行化し問題行動を起こす彼らに対して，強い生徒指導を加えても浸透しないばかりか逆効果となる。理解しがたい・理解されにくい子ども，これが愛着に問題を抱えた子ども達の教育現場の状況である。

2　「マイプラン」を使ってチーム支援

「マイプラン」は愛着対象との関係性をベースに，自己決断と現実検討能力を養うために，筆者が情緒障害児短期治療施設内分校で，育て直しと自立を目的として被虐待児や発達障害等の入所児に行っていた手法である。現在はSCとしてケースに関わる先生方にコンサルテーションを行う中で「キーパーソン（愛着対象）」に「マイプラン担当」をお願いするなどチーム支援を行っている。

(1) マイプランとは

基本的な考え方は以下の通りである。支援者は子どもと関わる時には「見通し」がほしい。その「見通し」が関わる子どもと同じ方向であったらもっといい。お互いに目当ての同じ行動プランを共有しながらステップアップができる。そうすることが，先生方が疲れ果てないために，また子どもを追い込まないために大切なことである。

○**基本の背景**：行動療法的アプローチ，PDCAサイクルで進める。
○**方法**：①アセスメントから援助仮設を立て，優先課題と支援者側のターゲット行動を決める。
　　　　②対象児とのホールディングからスタートし，支援者と対象児の1対1の関係性の中で，8割方できる目当てを考えて実行する（PD）。
　　　　③「目当て」の振り返りは最初は毎日行い，対象児の状況を見ながら3日・最長7日と間隔を延ばす。
　　　　④1週間ごとにPDCAについて「マイプランタイム」をとる。

（2）事例と支援の実際

【事例】A君（小学3年男子，家族構成：母・養父・A・異父妹・異父弟）

　教室で独り言，離席，友達へのちょっかい，大きな音を立てる，突然キレて暴れる，飛び出して体育館の器具庫の中や掃除道具入れで安らぎ，大騒ぎして探していると穏やかな顔で登場する。教室にいられなくなり担任との関係もよくない。職員室の一隅や保健室などで支援員・養護教諭と過ごすが学校側も限界状態。家庭内では，自分が母の連れ子の意識が段々芽生えて来ていて孤立感を強めている。母は好きで，家ではお手伝いや兄弟の面倒もよく見ている。

【A君の支援】
・居場所は職員室の一隅
・SCとAのカウンセリングは継続
・支援員は代理ママ的存在兼「マイプラン担当者」とする
・養護教諭はAの気持ちのリセットを兼ねて，朝生活・健康チェックを行う
・定期的にケース検討を行う（状況に応じて母・管理職も含めて）

※「マイプラン」によって，徐々に学級での授業参加ができ，Aと母の日々の協働活動も定着してきた。年度末には管理職が母に，今までの支援と今後について話をして終結。4年生では穏やかだが父性のある男性教諭が担任になる。

（3）「マイプラン」を使った介入と成果

　愛着の問題を抱えた子ども達の介入に，感情的な要素を支援に盛り込み過ぎると，誰かを悪者にしたり，誰かが自分を責めたり，支援者が疲れ果てたりす

る傾向にある。SCとして，様々なキャリアの先生方をまとめながらの介入のポイントはいつも決まっている。アセスメントは正しく行い，介入は支援者にも対象児にも易しく実行・継続できることを考える。実施ポイントは，個の状況に応じながらではあるが，以下の3つが鍵となると考える。

①マイプランの理論的な背景と基本ベースを守る。
②対象児と支援者との「マイプラン」を介した安心・安全な関係。
③対象児と支援者の共通レベルの「目当て」を探し出し，スタートさせる。

多くのケースから推察してもこの3つのポイントがうまく働くと「マイプラン」はプラスのスパイラルに乗り，ケース全体の変化・変容に繋がっていく。

3 愛着の問題を抱える子どもへの支援と課題を考える

愛着障害，愛着に問題を抱えている子どもの支援は，「いつでも」「誰にでも」「一人から」可能である（米澤, 2015）。情短施設で多くの入所児（幼児から18歳）に関わり，正しいアセスメントと支援を受けた子ども達の多くが救われていることも実感した。しかし，愛着に問題を抱えている子どもは低年齢，または長期化するまでに気づいて貰い，関係する大人達が危機感を共有して支援を受けることが大切と考える。支援者は知識を得ることが第一歩ではあるが，事例検討会に参加して振り返り・実践することが，さらなる理解を深めると考える。筆者は現在，心理・医療・教育の専門家チームを結成して校種を問わない事例検討会「教師を支える相談会」を定期的に行っている。相談会の中で領域の違う専門家がケースに向き合い，語り合う。そして，そこから導かれた具体的な支援を教育現場・家庭でもPDCAサイクルで実践する。この取り組みが，少しづつではあるが課題の整理と解決に繋がると考えている。

【文 献】

米澤好史. (2015).「愛情の器」モデルに基づく愛着修復プログラム：発達障害・愛着障害現場で正しくこどもを理解し，こどもに合った支援をする．東京：福村出版.

7 地域の学校から特別支援学校に引き継いだ支援の実際

伊達寿江

1 はじめに

　特別支援学校のセンター的機能として，地域の学校園への巡回相談を行っている。相談にあがる子どもの観察をとおして，多くのケースで発達障害だけでなく愛着形成の視点からのアセスメントが必要だと感じている。またその後，愛着形成，ラポール形成が上手くいったケースは支援の成果が表れやすいことも実感している。地域の小中学校から特別支援学校に進学した発達障害と愛着障害を併せもつ児童生徒への支援について紹介したい。

2 〈事例1〉衝動性が高く暴力を振るうASDのある高等部男子生徒

（1）状況

　感覚過敏と強いアレルギー疾患があり，不快刺激に対する反応と注目欲求によって衝動的に暴れた。小学生の頃から暴れると大人数人でも制止が困難であった。中学時代は，廊下にいる生徒の話し声にもイライラして怒鳴り，飛び出して殴りかかった。家庭での暴力には警察が介入していた。高等部入学後も行動を規制されると怒鳴り，教師や物に暴力を振るった。兄弟が受験期に入り両親がそちらに傾注すると精神的不安定さが増し，父とのケンカが続いた。家でトラブルがあった翌日は朝から学校で暴れ，女性教諭に対し執拗な身体接触と暴力で要求を訴えるようになった。愛情欲求行動がエスカレートし支配欲求が見られた。個別対応に当たるキーパーソンが他の生徒と話をするだけでも行動が荒れた。母との共依存があり，母の体調変化が本人の安定に大きく影響した。

（2）支援の方針と実践

　活動に集中できる時間は10分程度であった。刃物による自傷や他害が始まったため、活動空間や時間を本人の限界に合わせて別室指導を行うことになった。10分程度の活動を組み合わせた生活のスケジュールを作り、対応する教師チーム内で活動のねらいと支援の仕方を統一した。教育、医療、福祉、行政、警察が連携して支援の方針を共通理解した。ケース会議には本人保護者も参加し、サポートチームの存在を知らせることで生活の安心につなげた。キーパーソンは生徒の体調と感情の変化を予測し先手支援によって学習や集団への参加をコントロールした。翌年キーパーソンが交代した。新しくキーパーソンとなった担任は特性をオープンに受容し、過去の問題行動と障害特性の関係を本人に解説していった。担任の提案（指示）に従うと失敗が回避でき、落ち着いて過ごせるという実感を重ねるに従って担任への絶対的な信頼感が育っていった。

（3）経過と課題

　新しいキーパーソンとの出会いがリスタートとなり、良い姿を積み上げていこうとする動機につながった。自らの不適切行為を「イライラ現象」「破壊現象」等とネーミングすることで振り返りの際に客観視が生まれた。○○現象に対する予防策や感情の修復ツールをキーパーソンと共に考えた。この学習を繰り返すうちに、初めて経験することに対しても不安に加え「少しの自信」をもつことができるようになった。「○○先生がいてくれたら上手くいく」「心配なことは○○先生に相談する」と精神的に安定していった。基地機能が成立すると母の精神状態までも安定した。卒業後の環境変化に備えて、地域のサポートを確認し次のキーパーソンへ丁寧に橋渡しすることが次の課題となる。

3　〈事例2〉性的問題行動を起こしたASDのある高等部男子生徒

（1）状況

　ASDとLDからくる軽度知的障害という診断があり、中学時代に反抗、非行、

異性に対する問題行動を起こした。障害特性や認知のゆがみについては見過ごされ，適切な支援を受けていない可能性が大きかった。家では問題を起こすたびに父がしつけと称して暴力を振るい，母は完全受容と拒絶の間で養育態度が一貫しなかった。字の読み書きは得意であったがお金の計算ができなかった。自分の感情を基準とし，他人にも感情や思惑があることが想像できなかった。割り勘の名目で他人の食事代まで支払わされていても，騙されていることを頑なに認めようとしなかった。同級生からのからかいを真に受け屋根から飛び降りて骨折した。万引きに誘われ一人だけ補導された。年下を脅す行為もあった。親や教師からは厳しく叱責された。高等部入学後すぐに女子生徒の体を触るという問題を起こしたが，知らないとウソをついた。教師を敵対視し自己防衛に徹した。直ちに医療，警察と連携を取り，特性に合わせた教育の必要性から学び直しの支援の方策が立てられた。保護者間の話し合いがもたれ，被害生徒の心理的ケアのため生活空間を完全に隔てた別室での個別学習が始まった。

（2）支援の方針と実践

　自己評価が低く，日常はタオルを被っていた。イライラすると自傷や文具を壊すことで怒りをコントロールした。問題を起こす度に家族の関係が悪化していった。安全・安心の居場所づくりを最優先に支援チームが作られた。指導に当たる教師が必然的にキーパーソンとなり受容的に関わった。反省を促す指導は特性上逆効果になることが明らかだった。性教育を柱に，人との適切な関わり方を学習するためのスケジュールが組まれた。感情学習と自己理解の学習を毎日繰り返すうちに否定的な態度が徐々に和らぎ，過去の出来事を語るようになった。話の内容から認知の歪みが見てとれた。キーパーソンは感情には共感しながら過去の行動について一緒に分析を行った。指示内容を提案の形に言い換えると本人の納得が得られやすかった。納得したことは実行しようとした。失敗してもリベンジルールで回復した。認知の偏りをキーパーソンに解説され受容されたことが分かると，自己肯定感が一気に高まった。性教育の中で適切な振る舞い方を自ら導き出せるように学習を展開し，実行・評価・行動修正を繰り返した。定期的に振り返りの会を開き，前向きに変わっていく姿を担任，保護者が評価した。「学校が楽しい」と担任に伝えるようになった。

（3）経過と課題

　問題の女子生徒の件については，謝罪に加え「もし出会ったとしても自分から近づいていかない」というルールを自ら作り，誠実に実行した。誠実さが評価された。2年が過ぎる頃には女子生徒側からの許しが出た。愛着形成が基盤となって学校・教師への不信が消え，意欲的な生活を送るようになった。個別学習は週1時間に減り，般化が次の学習目標に掲げられた頃，次の問題が起きた。長期休業中に再び別の女子に触るという事件を起こした。「触ってしまった」と直後にキーパーソンに連絡してきた。探索基地が機能していることを残念な形で確認することになった。報告してきたことは認めつつも，非常に残念で悲しいことだと伝えた。その後は素直に反省に応じたが，般化の難しさを痛感し学習の継続の必要性を感じた事例である。

4 〈事例3〉虐待を受けるASDのある女児と虐待する母を支えるケース

（1）状況

　母は16歳で出産した後，結婚離婚を繰り返す。女児は生後間もなく児童養護施設にあずけられる。就学のタイミングで引き取られたが，ASD，ADHDの診断があり母には懐かなかった。強い感覚過敏から入浴や洗顔，更衣を嫌がり激しく抵抗した。毎日パニックを起こし家の物を破壊した。母は女児を縛り付けて服を着替えさせた。母は療育を学び，構造化を取り入れたが効果があるのは初めの2〜3日だけだった。便こねの対応にも母は追いつめられた。小学校では席に着こうとせず，ほとんどの時間を教室の外で過ごした。家で落ち着かないのは学校で無理をさせているからだと母は毎日学校に苦情を訴えた。母には精神科通院に加えアルコールの問題もあり，養育態度は一貫性に欠けた。

（2）支援の方針と実践

　関係機関が一堂に会したケース会議を経て，本人サポートと母親サポートのチームが編成された。保護者同意の施設入所と女児の医療受診を目指した。施

設入所は母の考えが途中から二転三転した。母に寄り添う福祉相談員と養護教諭の連携で女児が医療につながった。薬の調整が上手くいくと別人のように落ち着いた。制服を着て登校し教室で授業を受けるようになった。

(3) 経過と課題

　学校の中で頑張りを認められる機会が増えた。担任との関係が安定してきた頃，特別支援学校へ転校となった。移行支援会議が開かれ，本人の前で前担任から新担任に良い点を強調して引き継ぎがされた。側で寄り添う優しい担任に安全，安心の基地が引き渡しされた。女児は混乱なく新生活をスタートさせた。担任の手伝いや級友の手助けをすることで居場所が確立し，自己有用感が生まれた。連絡帳のプラス面を強調したやり取りによって母は学校に対して安心感を抱くようになった。家での問題行動は続いていたため，福祉相談員や保健師が母を支えた。女児と担任の関係が，母の関わり方のモデルとなることを期待しながら，女児の自立を目指した支援が行われている。

【文　献】

米澤好史．(2015)．「愛情の器」モデルに基づく愛着修復プログラム：発達障害・愛着障害現場で正しくこどもを理解し，こどもに合った支援をする．東京：福村出版．

第Ⅱ部　愛着の視点からの支援の実際

第7章 愛着の視点からの支援の実際
——福祉の現場

1 愛着と向き合う現場から
——児童養護施設における支援の実際

久保英明

1　児童養護施設における愛着の視点

　児童養護施設において，愛着の視点から子どもの姿を捉えることは極めて重要で，切っても切り離せぬものである。なぜなら，そもそも施設に入所している児童は，愛着関係を最も結ぶべき対象と，健全な愛着関係が結べていないことが多いからだ。このことは大いに問題で，入所児童の大半が，愛着形成がなされていないといっても過言ではない。さらには，育ってきた家庭環境によって，子どもの生活能力が分かる。日常生活の基本である衣食住といった生活習慣が定着していない子どもが多く，入所してから確立していくのが現状であり，課題でもある。それに伴って，愛着形成を図っていくことになるが容易ではなく，時間をかけて子どもと丁寧に関わり信頼関係を築きながら愛着関係を結んでいくのである。

　しかし，違う生育歴を抱える一人ひとりに応じたケアを実践していくためには，職員のスキルや経験がとても重要になる。必ずしも関係を築けるとは限らず，むしろ，経験豊富な職員でも良好な愛着関係を築いていく事は困難を極める。また，その過程で指導の難しさから，職員がバーンアウトしてしまう事例も少なくない。

　まさしく，様々な課題を抱えた子どもたち，様々な傷を負った子どもたちと，

健全な愛着関係を結ぶにはどうすればよいのか，という問題は施設の永遠のテーマなのである。

2 子どもたちの愛着の問題

　施設で生活を送る子どもたちを見ていると，様々な問題を多く抱えていることを実感する。その根本には常に愛着の問題が存在する。他者との良好な関係が築けない，人の物を盗る，自他所有観念がない，場の空気が読めない，子どもや職員に対して暴力的である，などの問題行動が多く見られ，コミュニケーション能力が育っていないと感じることが多々ある。その問題行動の裏には，職員の気を引こうとして他者が嫌がる行動をとったり，暴言を吐いたり，嘘をついたりして相手の反応を確かめてみたいという気持ちが隠されている。施設生活において，愛着に問題のある子どもは，自分だけを見て欲しいという思いから職員に対し，ちょっかいを出したり，職員の言うことを素直に聞けなかったりすることが多い。それによって，何度も同じ問題行動を繰り返すようになるのである。

　そういった行動の中で，問題行動の「共有」をする場面が度々見られる。「共有」とはどういったものなのか。例えば施設生活において，生活するうえでルールは必要である。そのルールに対して，子ども同士で破り，その問題行動を共有することによって仲間意識を持つのである。しかし，この「問題行動の共有」は施設で生活する子ども同士の特有の価値観かもしれない。こういった行動で子ども同士は関係性を築こうとするのであるが，その関係性は決して強固な関係性ではなく，すぐに崩れ去る関係性である。このような関係性は長続きせず，施設の中だけで仲良くしていることを演じている様子もある。このほかにも，万引き，無断外出，職員に対する暴力といった大きな問題行動にも繋がっていく。

　また，依存性の強い愛着児童は，職員に対し無理難題を押し付けたり，時には暴力的になったりする。対象職員を困らせることによって足りない愛情を補っているようにも感じる。職員を困らせることで，自分に気を引き注目を浴びたがる。注意をされても，気を引こうとするのでまた同じ行動を繰り返す。

学校生活においてはどうか。学校を欠席することも多く，教師にも攻撃的な反応を見せる。友人関係は乏しく，休みの日でも学校の友人と遊ぶことなく，施設でほとんどを過ごし，学園にいる子どもか職員が遊び相手になっている。外部の友人との社会経験がなかなかできずに過ごしてしまっている現状もあるので，同年代との対人関係も築きにくい。

　そして忘れてはならないのは，親子関係の再構築である。子どもたちへの支援だけでなく，親や家族への支援も行い，親子関係の再構築も併せてしていかなくてはならない。最初に述べたように，もっとも愛着関係を結ぶべき相手との関係修復と再構築が必然なのである。施設は，家族支援の役割も担っており，家庭支援専門相談員を配置し，良好な親子関係の修復，改善を目標に支援している。当然，関係機関とも連携して親子関係の再構築をしていくことになるが，実際は子どもに生活ケアを行うよりも家庭の問題に関わって行くほうが難しい。この家族支援を行うためにも児童との関係性をしっかりと結んでおく必要性があり，家庭での話，過去のトラウマ経験や児童自身の意向などを十分聞き込み，全てを把握した上で家庭の問題に踏み込んでいくのである。さらには，親自身が愛着の問題を抱えていたり，何かしらの障害を抱えていたりする場合がある。親ともどのように関係を結んでいくのかが課題であり，そのベースにはいかに児童と関係を結んでいくのかという問題が不可欠なのである。

3　個別ケア・小規模化

　年々，施設の小規模化は進んでおり，また進めていくべきであるとされている。その最大の理由は「個別ケア」にあると考える。では「個別ケア」とは何か，そしてそれがもたらす最大のメリットは何かを思案する。少人数の規模で養育環境を整えればそれは「個別ケア」なのか。そうではない。愛着の問題を考える時に必要なのは，養育環境ではなく「養育内容」である。その中にこそ適切な養育環境は含まれるが，実際はそこで行われる支援の内容が重要である。当園でも，小規模の担当者は常に頭を抱えている。「一人ひとりとじっくり関わる時間があまりに少ない」と。規模を小さくしても，愛着関係を結べるものではない。その中で，担当者は「必ず個別に関わる時間」を設けるよう努力し

ていると話す。丁寧に話を聴く時間を設けること，大切にされている実感を得られるよう配慮すること，「生活支援」を通し，日々の生活を共に作っていくという姿勢で子どもと共に考えること，一人ひとりのニーズに応えていくこと，それらを大切にしながら，子どもとの関係を育んでいるそうだ。

それらはあまりにも基本的なことであるが，やはり子どもと関わるうえで，とても大切であるということだろう。

4　まとめ

施設における愛着の視点について述べてきたが，愛着に問題のある子どもたちは，人として生活していくうえで，大変重要である人間関係の構築が極端に苦手である。愛着に問題が出る子どものほとんどは，ネグレクトの環境下で育ってきている。自分が助けを求めても反応がなく，強制的に我慢を強いられ自分自身で解決してきた。そのため，他者に対して素直に助けを求めることができず強がり，受容的に物事が考えられず，他者への信頼感も乏しい。しかし，かといって一人で過ごすことを望んでいるわけでなく，他者に対して構ってほしいという思いから，間違ったアプローチの仕方をしてしまい，対人関係を悪化してしまう。その結果，自尊心も生まれず，さらに意固地になるといった負のスパイラルに陥ってしまうのである。

今後，施設は小規模化に進んでいく。子どもたちにとって小規模化は早急に進めていくべきであると考えられているが，小規模担当者も述べていたように，小規模化をするだけでは，様々な問題を持った子どもたちに対応することはできない。環境を整えるだけでは，子どもたちの問題は解決せず，小規模化の意味もなさないのである。

施設としての役割は，そういった子どもたちを施設としてどのようにケアをしていくべきなのかを考えれば，まずは安全安心な生活を提供することであり，人間にとって基本である「衣・食・住」を確保することである。また，人間関係を築く基礎となる愛着形成である。子どもたちをまずは褒めて認めてあげ，信頼することである。その結果，裏切られることもあるだろうが，職員は決して見捨てずに支援する姿勢を伝え続け，児童の抱える問題に対し正しい知識を

身に付け，関わり方を工夫しながら支援をしていかなければいけない。愛着の問題でも「共有」と言う言葉を使ったが，施設職員と愛着の問題のある子どもたちの間で，「健全な共有」を一緒に育んでいくことができれば最善である。そのためには，「個々の関わり」を大事にし，信頼関係を勝ち取り，職員に対する「同一視」を獲得していくことが支援の一歩となってくるのだと，日々心に留めて関わりを深めているのである。正しい知識を持って，子どもたちと接するために，日頃より米澤先生には職員研修にてご教授いただいている。子どもの姿が日々変わるように，職員も柔軟に対応できるようにしていきたいと思っている。

2 児童心理治療施設における愛着障害を抱える子どもへの支援

土井裕正

1 児童心理治療施設とは

（1）施設の目的

　「児童心理治療施設」とは，これまで「情緒障害児短期治療施設」と呼ばれてきた施設で，児童福祉施設の一種である。その名称が実態に見合っていないことから，2017年度より名称が変更された。児童心理治療施設は，児童福祉施設の中でも，子どもの心理治療を専門とする施設であり，全国に50施設（2018年度現在）設置されている。児童心理治療施設では，その対象を，心理的困難や苦しみを抱え，日常生活の多岐にわたって生きづらさを感じている子ども，環境上の理由により社会生活への適応が困難となった子どもとしており，その目的を，社会生活に適応するために必要な心理に関する治療および生活指導を主として行うこととしている。

（2）児童心理治療施設に入所する子どもたち

　2017年度に全国児童心理治療施設協議会が実施した統計調査によると，全国1,353人の入所児童の内，被虐待児童の割合は69.4％であり，またICD-10（WHOが作成した疾病及び関連保健問題の国際統計分類）において愛着障害に分類される子どもについては，19.3％となっている。つまり児童心理治療施設に入所している児童の約5人に1人が愛着障害に分類されるということである。この結果からは，被虐待児童において愛着の問題が深刻であること，愛着障害を抱えた子どもへの治療や支援のニーズが高いことが窺われる。また，児童心理治療施設の入所児童の平均在籍年数について，過去は2〜3年とされていたが，最近では愛着障害傾向を有した子どもの占める割合が増加していること

から入所が長期化する傾向にある。その長期化が施設の名称変更に至った理由の一つでもある。

2 事例紹介——愛着障害を抱える子どもの生活への支援の実際

本節では、事例を通して、児童心理治療施設における愛着障害を抱えた子どもの生活と、その生活への支援の実際について示し、児童心理治療施設における愛着障害を抱える子どもへの治療的アプローチについて概観する。紹介する事例については、実際のいくつかの事例の経験から作った架空のものである。

【事例】

A男は、小学5年生の夏に施設に入所してきた。A男の家族は、実母、継父、弟の4人。実母はA男が3歳の時に継父と再婚。継父は躾に厳しく、A男のマナーが悪かったり、保育所や学校でトラブルを起こすと、気分によってA男に暴力を振るってきた。実母は、育児不安が強かったことからA男に発達障害のレッテルを貼ることで育児の困難に対応してきた。また、実母は継父から暴力を受けるA男に対して、味方になって守ろうとする姿勢はあったが、継父との関係に挟まれて、継父の代わりに暴力を振るうこともあった。弟はA男と同様に継父から暴力を受けることもあったが、A男とは違って継父に嫌な顔を見せず、要領よく振る舞っているところがあった。A男は、このような家庭生活に対して拒否的な感情を持つようになり、家出を繰り返し、警察に保護されたことから、児童相談所を通して当施設に入所することとなった。

入所当初のA男は非常に緊張が高く、常に警戒した目で周囲を伺う一方で、施設職員からの声かけに対して急に接近して腕にしがみつくなど、対人的な距離感に不自然さが目立った。そのようなA男が生活上で問題を呈したのは入所後1週間を過ぎた頃であった。職員からの掃除の促しに応じることができずに壁を殴って挑発する、入浴の順番でA男の要求が否定されたことに、職員に蹴りかかり、そのA男を制止しようと接近した職員に向かって本や椅子を投げるという行動を見せた。そして、職員の落ち着きを促す声掛けにも自分で興奮状態を下げることができず、複数の職員でA男の身体と気持ちが落ち着くまで制

止を続けた。しかし，A男は落ち着きを取り戻すと，まるで何もなかったかのような屈託のない笑顔で職員に甘え，暴力を振るったことを謝罪した。また，その後の施設生活においても，職員あるいは子ども同士のやり取りの中で，A男にとって不快なことがあれば，表情を豹変させて不穏状態を示し，落ち着いた後は過度に甘えるという，相反する行動を頻繁に繰り返した。A男にとっては，施設の集団生活は刺激が多く，自分にとって受け入れられないあるいは理解できない状況に不安を感じ，過剰に被害的に捉えてしまうようであった。

　A男のこのような状態について，生活現場ではA男にとって刺激が多く複雑な生活環境から一旦避難させ，疲弊した心身をリセットするため，また集団生活から分離した中で大人との安全な関係を構築することを目的として，一定期間生活日課から外して刺激の少ない個室で個別の生活日課を組む対応を取った。そして，A男が生活に見通しを持てるように生活環境を分かりやすく整理するなどの環境調整を図った。さらに，担当心理士によるプレイセラピーを実施し，A男についての理解を深め，守られた空間の中で遊びを通して心地よく抱えてもらえる場として設定した。学校に対しては，担当心理士がA男についての見立てや理解を説明し，学校現場で実施可能な対応について一緒に考え助言を行うなどコンサルテーションを実施した。その後，これらの対応を実施する中で，対応当初はA男も徐々に落ち着きを見せるようになったが，しばらくすると再び職員や他児への暴力が頻発するようになり，職員が複数でA男を制止することに追われる日々が続いた。

　これらの経過からは，施設内での環境調整や関わりの工夫では限界があると考えられ，次の対応として，児童相談所と協議の上，一時保護を実施したり，医療的介入として入院治療を行い，向精神薬の投薬調整も実施した。入院期間はA男の対応に疲弊した職員のレスパイト期間になると共に，A男についての理解を見直し，退院後のA男に対する関わり方や施設での抱え方について再検討する機会となった。A男への関わりについては，まずは「A男が不穏のサインを出した時には職員が寄り添い，気分を変えてあげること」が考えられた。また，「暴力が発生した場合には直ちに複数の職員で制止し，A男の身体をコントロールしてあげること」，「A男が不穏を示した時には，まずはA男の言い分にしっかりと耳を傾け，A男に理解を示す言葉を返すこと」などが考えられた。

そして，A男の退院後に，これらの関わりを重ねる中で，A男の不穏の背景には大きな不安や悲しみがあることが理解されるようになり，A男にはその理解を伝え，不安や悲しみに対しては暴言や暴力で表現するのではなく，泣くという行動で表現する方が周囲から理解が得られやすいこと，自分が本当に求めている扱いを受けやすいことを伝えた。それ以降，A男は徐々に泣くという表現を通して，周囲の大人や他児から多少受けとめられる感覚を持てるようになったようで，行動面にも少しずつ落ち着きが見られるようになっていった。

その後の経過としては，母が継父と離婚し，A男が自宅での生活を強く望むようになったことや，A男が暴力によって職員を怪我させてしまったことが重なり，治療中半で退所に至る経過となったが，A男は高校卒業後あたりから時々施設に連絡をして状況報告をしてくれてるようになり，現在は介護関係の資格の取得を目指すなど一定の社会適応を見せている。

3 児童心理治療施設における愛着障害を抱える子どもへのアプローチ

前述の事例は，結果として一定の社会適応が見られたものの，その支援経過としては決してうまくいったと言えるものではなく，試行錯誤の連続であった。しかし，それだけ愛着障害を抱える子どもへの支援には大変な困難を伴うと言えるのだろう。上記事例の支援経過には，児童心理治療施設における愛着障害を抱える子どもへのアプローチについての視点やエッセンスが含まれている。以下に当施設におけるアプローチについて考察していく。

（1）育て直しと総合環境療法

愛着障害を抱える子どもの多くが負っている背景を考えれば，施設における治療とは，いわば「育て直し」に近い作業と言える。なぜなら，その子どものほとんどは発達早期に体験されるべき特定の大人との細やかな情緒的関係を十分に経験してきておらず，それが情緒面や行動面，対人関係面，知的能力面といったさまざまな側面において，発達の遅れや歪みをもたらしていると考えられるからである。そして，その細やかな情緒的関係を与え直すことが愛着障害を抱える子どもの支援には欠かすことができず，その支援を可能にするのが子

どもの生活の場である。つまり，子どもを取り巻く生活をいかに「育て直し」を展開していける環境にしていくかということが重要なのである。また，児童心理治療施設の治療の在り方を示すものとして「総合環境療法」と呼ばれるものがある。総合環境療法とは，子どもの生活をケアする保育士，児童指導員などの福祉職，医師，看護師の医療職，そして，心理職，ファミリー・ソーシャル・ワーカー，学校の教員と多種の専門職の協同により，施設での日常生活，学校生活，個人心理治療，集団療法，家族支援，施設外での社会体験などを有機的に結び付け，日々の生活を治療的な経験にできるように構成した総合的な治療・支援のことを言う。上記の事例においても，生活現場を中心にさまざまな立場の専門家が関わっていることが分かる。それぞれの専門家間の連携の動きが，A男の育て直しの作業を大きく支えていたと言える。

（２）見立てと支援者間の共通理解

　愛着障害を抱える子どもたち，あるいは虐待的な環境で育ってきた子どもたちは，本来なら接近や接触，後追いや泣きといった愛着行動が見られる場面において，それが見られなかったり，逆に過剰であったりなど，大人側の世話を引き出しにくい行動を取ることが多い。そのとき，多くの大人は子どもの行動に驚きを示し，行動に反応し，行動にのみ対応してしまう。しかし，その行動は子どもが不適切な養育環境の中で，歪んで身に着けてきた関係性のパターンであり，目の前の行動に振り回されることなく，その背景にある子どものニーズを理解し，治療的な応答をしていくことが重要である。そこで必要なのが，子どもの問題をどのように見立て，具体的にどのように関わっていくのかを考えることであり，それらを支援者間で共有することが，子どもへの新たな支援を導き出すのである。上記の事例においても，支援者間の協議の際に，A男の問題についてさまざまな視点からの見立てが検討され，そこから具体的な関わり方について試行錯誤がなされてきた。例えば，見立ての検討の際に「乳児期に母親との安定した愛着を形成できなかった場合でも，その後の人的環境を媒介に愛着関係の再構築は可能である」というボウルビィ（Bowlby, 1969/1982）の愛着や発達に関する考えは，小学生のA男の愛着修復に向けた支援を方向付ける根拠として，支援者の大きな支えと期待になった。また，同じくボウル

ビィの「愛着はネガティブな情動状態を，他の個体に近接することで，低減・調整しようとする行動制御システムである」という生物学的な考えからは，A男が暴れている状態について，不安や危機的状況を体験しているネガティブな情動状態にあるという理解を与え，近接して不安を低減させることにこそ治療のチャンスがあるという関わりの方向性をもたらした。さらに，ビオン（Bion）の「乳幼児が抱えきれずに投げだしたものを養育者が受け止めて理解し，乳幼児の処理できる形にして返す。それを乳幼児が受け取り安全や安心感を得る。その相互交流が繰り返されることにより情緒が発達していく」という考え（松木，2009）からは，A男の興奮状態について，自分の中で抱えきれない不安を身近な養育者である施設職員に投げ出しているという理解を与え，その理解からはA男がどのように言葉をかけてもらえば安心するかという関わり方の工夫が導き出された。

　このように子どもへの支援では，まずは子どもの問題について見立てることが重要である。見立ては子どもへの理解を助け，子どもへの関わり方を工夫する土台となる。特に，愛着に問題が見られる子どもたちについては，愛着の修復のための視点を理解しておくことが必要である。愛着についてはこれまでに多くの概念の提唱や研究がなされており，それらの知見を支援者間で共有していることは，支援者の大きな支えとなり，新たな支援方法を導き出すきっかけとなる。また，何よりも実際の支援においては，現場の状況に応じた工夫が必要であり，それらの知見を参考にしながらも，子どもに直接関わる職員が実行可能な方法を導き出せるよう支援者間で議論することが重要である。

【文　献】

西田　篤他．(2018)．平成28年度全国情緒障害児短期治療施設における児童の臨床統計．心理治療と治療教育．29, 99-102．全国情緒障害児短期治療施設協議会．

Bowlby, J. (1969/1982). *Attachment and Loss. Vol. 1. Attachment.* London: The Hogarth Press.（黒田実郎・大羽　蓁・岡田洋子・黒田聖一（訳）．(1991)．*母子関係の理論Ⅰ 愛着行動(新版)*．東京：岩崎学術出版社．）

松木邦裕．(2009)．*精神分析的体験：ビオンの宇宙*．東京：岩崎学術出版社．

第7章 愛着の視点からの支援の実際 —— 福祉の現場

3 児童相談所における愛着修復支援
—— 親子関係再構築支援の実践から

西川順也

1 児童相談所で出会う愛着の問題

　児童相談所は，都道府県や政令指定都市などに設置された児童福祉のための行政機関である。0歳から18歳までの子どものあらゆる主訴に応じられるよう市町村と連携しながら相談援助を行っている。とくに虐待など家庭での養育が困難な事例については，子どもを一時保護したり，児童福祉施設などへ措置する重要な機能を担っている。一連の援助活動は，所内の児童福祉司や児童心理司，一時保護職員のほか，医師や弁護士などの多職種で構成されたチームによる総合的な判断のもと，援助方針が定められて，具体的支援が行われていく。

　筆者は，児童心理司としてその相談業務に携わっているが，児童相談所で出会う事例の多くに愛着の問題またはその影響を感じている。たとえば，虐待などの不適切な養育にかかわる事例では，すべての子どもが親子関係の中で傷つき，またその関係において安心感が乏しい状態に陥っている。一方で，虐待とは，親子の関係性や相互作用の中で起こるものであり，親もまたその関係や関わりに戸惑い，自責感や無力感を抱えている。親自身が，生い立ちの中で不適切な関わりを受けていることも多く，虐待の世代間連鎖の問題が散見される。したがって，虐待事例では，親子双方が傷つき葛藤する中で，その関係性が不調をきたし，子どもの愛着の問題や愛着障害へと進行していると言える。

　また虐待以外にも，発達や性格の問題，不登校，非行など，さまざまな主訴の背景に愛着の問題を抱える事例が少なくない。このように見ていくと，児童相談所で子どもの相談援助に関わる限り，愛着の問題は避けて通れない課題であると考えさせられる。

2　児童相談所が取り組む親子関係再構築支援

　千賀（2017）がまとめているように，日本の虐待対応は，2000年の児童虐待防止法の施行とその後の法改正により，虐待を受けた子どもの発見と保護という強制力をもった介入型アプローチに重点が置かれてきた。しかし，保護者を加害視して，親子を分離するだけでは，根本的で永続的な解決には至らない。よって，子どもの安全と命を守ることを目的とした介入型アプローチとともに，介入した段階から親子関係の修復を見据えた支援型のアプローチにも重点を置いていく必要がある。そのような問題意識のもと，児童相談所が新たに取り組んでいるのが，親子関係再構築支援である。

　厚生労働省（2014）によれば，親子関係再構築とは，「子どもと親との相互の肯定的つながりを主体的に回復すること」と定義される。つまり，この支援プロセスでは，当事者としての親子の意向や選択をできる限り尊重し，親子が主体となってその関係性の回復に向けて取り組むことを援助するのである。また，分離となった子どもの家庭復帰だけを対象とするのではなく，実親との関係修復が難しく家庭復帰の見通しがもてない子どもや，分離にまではいたらないものの親子関係の不調や養育に課題がある家庭など，さまざまな対象が想定される。

　ここでは，児童相談所で筆者が関わる親子関係再構築支援について，愛着修復に焦点をあてる形で，その一部を紹介していく。

（1）親子分離となった子どもへの愛着修復支援

　虐待などで深刻な養育環境にある子どもの場合には，家庭から子どもを分離することで安心安全な生活環境を保障することが原則である。その後，親子双方に関わる中で家庭復帰の可能性を検討していくわけであるが，家庭復帰そのものが難しいケースも多く，実親の関わりの改善や関係性の修復には時間がかかる。そのため，新しい生活環境への適応を促すとともに，代理養育者（里親や施設の子ども担当ケアワーカー）から個別的ケアが提供されることで，代理養育者との愛着形成を進めていくことが必要となる。

　しかし，児童養護施設などでは，多くの子どもを少数のケアワーカー（CW

で養育せざるをえず，個別で継続的な関わりをもつことは容易なことではない。そこで，児童相談所の心理治療場面を活用し，子どもと施設の担当CWがともに過ごす時間を設けて，愛着形成を促進することに焦点をあてたプレイセッションを行う。参加者は，子どもと担当CW，そして児童心理司（筆者），施設担当児童福祉司である。セッションは，いわゆるプレイセラピーのように，子どもの感情や興味に合わせて遊びが展開されるのだが，その遊びに関与する主たる役割を担当CWに担ってもらう。その際，児童心理司は，補助的な立場にたって，両者の交流が活性化されるよう遊びを援助する。また，遊びの中に適度なストレス場面（例：かくれんぼやバランスボールに立って遊ぶ）を設け，遊びながら子どもにわずかな緊張や不安を感じてもらう。その際に，子どもの感情に焦点を合わせながら，担当CWが共感的な声かけや励まし，スキンシップなどで応じてもらう。このようなセッションを継続的にもつことで，子どもの愛着システムが担当CWとの間で活性化されるようになり，愛着行動が目に見えて増加するようになる。

くわえて，セッションの前後には，担当CWとコンサルテーションを行う。そこでは，愛着修復のモデル（米澤，2015）などを使って愛着形成のねらいや子どもの行動の意味について振り返ることで，担当CWの子ども理解を促し，治療養育的な意欲を高めるよう働きかける。とくに，セッションで起こった愛着関係が日常生活でも実践されるよう，生活場面でのかかわりを想定して話し合うことが愛着形成の促進のために不可欠である。このようなコンサルテーションにより，担当CWが愛着修復という視点から子どもの行動や内面を理解するようになり，生活場面でも応答性のあるケアができるようになる。

このような取り組みは，すでに乳幼児領域において研究実践が進んでいる（例：森田・徳山，2015）。しかし，乳幼児期に限らず愛着行動を示す関係であれば，その年齢にかかわらず有効な支援になると考えられる。

もちろん，PTSDなどトラウマ関連症状がある場合には，プレイセッションのみでなく，EMDR（Shapiro, 2004）やトラウマ・フォーカスト認知行動療法（Cohen et al., 2014）といった心理療法が効果を発揮する場合もある。しかし，どのような心理療法を行うにしても，担当CWと治療プロセスを共有し，日常生活のケアや愛着形成につながるように話し合っていくことが肝要である。

（2）親への支援を通じた愛着修復支援

　分離となった親子の愛着修復を支援していくためには，親自身をエンパワメントすることが大切である。それは，住環境や経済的問題，就労への助言など，子どもと安定した生活を送るためのソーシャルワークとして行われる。この支援は，児童福祉司が中心となって行われるが，市町村の支援機関などと協力して家庭訪問することで，身近で親を支える支援ネットワークを活性化することが重要であろう。そうすることは，"虐待の加害者"として扱われてきた親の無力感や自責感を軽減する効果がある。そして，親にとって周囲から支えられる体験が積み重ねられると，子どもとの面会や交流の際に，子どもからの訴えや不安などの不快感情を抱える親機能につながっていくのである。

　親支援として児童心理司が行うことは，親の心情に寄り添いながらも，親の心理状態や家族機能をアセスメントすることで，支援者側が親を理解し受容することを促進する。また，子どもの心理アセスメント結果について親と話し合うことで，親の子ども理解が深まるよう支援していくことも大切である。このように心理アセスメントを通じて，支援者が親への理解を，親が子への理解をそれぞれ深めていくことで，愛着形成や親支援ネットワークの強化を図っていくことが期待される。

（3）家庭復帰プランの協働作成

　これまで児童福祉施設などに措置された子どもの家庭復帰は，施設への措置決定を行う児童相談所が主導で実施されてきた。しかし，子どもの保護や措置など強制的な介入を進めてきた児童相談所が，あらたに家庭復帰のために保護者支援を行うというのは，親にとって混乱や抵抗をもたらし，自発的な協働関係につながりにくい面があった。そのため，これまで児童相談所が親子に提示してきた家庭復帰までの見通しや支援策について，支援をスタートさせる最初の段階から，親と児童相談所が協働で検討・作成する取り組みが行われている（神奈川県児童相談所親子支援連絡会，2011；和歌山県，2017）。

　このように，家庭復帰プランを協働で作成することで，親子関係を再構築するプロセスに主体性をもって関与するきっかけとなり，親としての効力感や有

能感の回復につながる。なお，プラン作成の場には，子ども本人にも参加してもらうことがある。そうすることで，子どもが直接自分の意向や不安を伝えることができるとともに，親もまた，子どものニーズや感情に思いをはせてプランを検討することができるからである。このようなやりとりは，短時間であったとしても，分離となった親子の貴重な相互交流の場となり，愛着修復体験として双方にとって絶好の機会となる。

3 今後の課題

　以上，児童相談所で行う親子関係再構築支援について，愛着修復との関連を踏まえて紹介してきた。虐待などの不適切な関わりがあった事例では，愛着の問題として事例理解に努め，そして，愛着を修復するという視点で親子関係再構築支援に取り組むことで，その支援の意義や質を高めることが期待できる。

　しかし，現在の児童相談所は，依然として介入機能に重点をおいた組織体制や人員配置である。今後，親子関係再構築支援が機能するような組織体制や他機関連携について検討・整備していくことが必要である。

　また，愛着修復支援は，親子の肯定的なつながりを回復するうえで欠かせない視点を提供するが，支援者側の愛着に関する理解やスキルは，まだまだ不十分である。今後は，愛着修復に焦点をあてた研修によりその学びを深め，職員一人ひとりの愛着修復支援のスキルを向上させることが必要であろう。

　このような課題を踏まえれば，現在の児童相談所だけで，親子関係や愛着修復を支援していくことは極めて困難である。そのため児童福祉施設や里親，市町村などと相互に連携して学びあい，愛着修復に焦点をあてた援助を広めていくことが求められる。

【文　献】

Cohen, J. A., Mannarino, A. P., & Deblinger, E. (2006). *Treating trauma and traumatic grief in children and adolescents.* New York: Guilford Press.（白川美也子・菱川愛・冨永良喜(監訳)．(2014)．子どものトラウマと悲嘆の治療：トラウマ・フォーカスト認知行動療法マニュアル．東京：金剛出版．）

神奈川県児童相談所親子支援連絡会.（2011）.親子支援チーム活用のための手引き:「家族支援」の実際.子どもの虹情報研修センター図書室.

厚生労働省.（2016）.*平成26年度 社会的養護関係施設における親子関係再構築支援ガイドライン*.https://www.mhlw.go.jp/file/06-Seisakujouhou-11900000-Koyoukintoujidoukateikyoku/0000137351.pdf（2017.7.1閲覧）.

森田展彰・徳山美知代.（2015）.アタッチメント・ベイスト・プログラム.青木　豊（編著）.*乳幼児虐待のアセスメントと支援*(pp156-174).東京:岩崎学術出版社.

千賀則史.（2017）.*子ども虐待　家族再統合に向けた心理的支援:児童相談所の現場実践からのモデル構築*.東京:明石書店.

Shapiro, F. (1995, 2001). *Eye Movement Desensitization and Reprocessing: basic principles, protocols, and procedures/2nd ed.* Guilford Press and Paterson Marsh Ltd.（市井雅哉（訳）.（2004）.*EMDR:外傷記憶を処理する心理療法*.東京:二瓶社）

米澤好史.（2015）.*「愛情の器」モデルに基づく愛着修復プログラム:発達障害・愛着障害現場で正しくこどもを理解し,こどもに合った支援をする*.東京:福村出版.

和歌山県.（2017）.*和歌山県児童相談所ケースワークマニュアル 家族再統合プログラム編（中央児童相談所版）*.未刊行.

第Ⅲ部

まとめ

第Ⅲ部　まとめ

第8章　愛着という視点からの支援

米澤好史

1　愛着という支援からの支援の意味

　1章から7章まで，さまざまな立場，さまざまな現場での，愛着と愛着障害への理解，愛着障害への支援，愛着形成・修復の支援が紹介されている。愛着という関係性に視点を定めることにより，こどものさまざまな問題の根底にあるものが的確に理解され，適切な支援が可能となることが示されたといえるだろう。本章では，愛着という視点からの支援の意義についてまとめてみよう。

2　愛着障害，愛着の問題を抱えるこどもへの不適切な支援とは？

(1)「叱る」対応の問題点

　第1章でも，愛着障害のタイプ別に「叱る」という対応が引き起こす問題を指摘したが，そもそもなぜ「叱る」という対応は愛着の視点から見て不適切なのだろうか？　それは，「叱る」はたいていの場合，こどもが不適切で叱る必要を感じる行動を先にした後で叱るというように，「後手」のかかわりだからである。先にこどもがある行動をしてある感情を感じている事態で，後からの対応でその感情を変えるのはそもそも困難である。加えて，感情発達の問題を抱えており，感情コントロール機能が不十分で感情混乱に陥りやすい愛着障害，愛着の問題を抱えるこどもには，その「後手」の支援をしっかり取り入れて自己回復する機能は期待できない。なぜならそのサポートとして一番，必要な安全・安心・探索基地機能が期待できないからである。

　そもそも，「叱る」という対応には，一旦，その行動を止めるという行動制止

機能しか有していない。そのこどもが行動変容するかどうかは本人次第であり，「叱る」に自動的に他者の行動を変容させる機能はない（ガルシア効果等の恐怖条件付けを除いて）。愛着障害では行動制止機能すら期待できず，感情混乱を引き起こし，余計，行動の問題を増幅させるのである。

先手対応として，こどもを先に脅してしまう恐怖政治（米澤，2015）は結果的に他の人の前での行動の問題を増幅させるだけで根本的対応といえないばかりか悪弊でしかない。愛着の支援では，目の前での行動の問題にのみとらわれず，現れやすいところに問題が出やすいという意識が必要である。しかし，腫れ物に触るような叱らない対応は自己高揚の特徴を増幅させるだけである。それはよくないことだと情報提供として叱らざるをえない場合は，「それはよくない」と正面からストレートに伝えるのではなく，「こうしよう」と別の行動に誘うことで結果的にその行動をやめることができるような支援が大切なのである。これはこどもの今している行動に後手で対応するのではなく，新たな行動に誘う「先手」の支援だから成功しやすいのである。

（2）「褒める」対応の問題点

「褒める」対応も，こどもの要求に応えるという「後手」の対応であれば，「もっと褒めてほしい」という愛情欲求エスカレート現象を招いてしまう。また，愛着の問題を抱えるこどもにかかわる人が，みんなで勝手にかかわってしまうと，「1対他」の状況となり，誰が愛着対象かわかりにくく，愛情のつまみ食い現象を生んでしまう。特定の人との「1対1」の状況が必要なのである。さらに「頑張ったね！」等の曖昧な褒め方は，その解釈（その褒め言葉をもらってどんな感情になればいいか）をすべてこどもに委ねてしまう無責任な対応と言わざるを得ない。感情学習を意識して，このときどのような感情になるのかの感情ラベリング支援（米澤，2015；2016；2017；2018）が必要なのである。

3 「愛情の器」モデルを意識した愛着支援のポイント

（1）「愛情の器」とは？

「愛情の器」モデル（米澤，2015；2016；2017）は，愛着障害のタイプ別に，こうした愛着障害，愛着の問題を抱えるこどもへの支援の際，意識してほしいことをモデルとしたものである。ここではそのモデルをよりわかりやすく改変したものを呈示しよう（図8-1）。

このモデルでは，注がれたかかわり（→）を愛情としてしっかり受け止められるかを受け口の広さで表現した。ｄの安定愛着タイプの受け口は広くてどんな愛情も受け止め可能である。しかし，ｂの抑制タイプは受け入れを拒否している。ａの脱抑制タイプは入り口が狭く，ｃのASDと愛着障害併存タイプは狭い入り口に蓋があり，蓋が閉まっているときは一切入らない。「愛情の器」の底の状態は受け取った愛情を貯めて，それを愛情エネルギーとして使用可能かを現している。安定愛着のｄタイプはそれをしっかり感じ取り（底が少し狭いのは愛情への感受性の高さを示している）貯めることが可能である。しかし，ｂの抑制タイプは愛情の器そのものがなく貯められない。ａの脱抑制タイプは底が抜けていて，愛情刺激への馴化（habituation）が生じて，愛情欲求エスカレート現象を生みやすい。ｃのASDと愛着障害併存タイプは蓋付きの狭い受け口と底の開いた器により，愛情エネルギーが貯まりにくさが非常に顕著となりやすいのである。

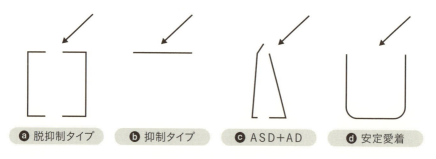

図8-1 「愛情の器」モデル

（2）愛着の視点からの支援

愛着形成・修復支援の実際は，米澤（2015；2016；2017）を参照いただくとして，愛着の視点の意味を「愛情の器」モデルと関連付けて，説明してみよう。

まず，誰がこどもの愛着対象，特定の人になるかというキーパーソンの決定が必要である。この意識なしに愛着形成・修復は不可能である。「愛情の器」は特定の対象ごとに作られるのである。そしてキーパーソンと1対1になるための一緒の作業をすることで，そこでどのような感情が生じたかを感情ラベリング支援で教えるという感情学習が必要である。しかも，「誰と一緒だから」その感情が生じたかを確認することが，安全・安心基地機能を育むことになる。これができれば，「愛情の器」の底の穴が塞がれ，愛情エネルギーは蓄積されるのである。こどもが欲しがる前に「先手」でかかわる支援，キーパーソンの主導権を意識した支援が必要である。これが愛情欲求エスカレート現象，自己防衛を防ぎ，「愛情の器」の受け口を広げることになるのである。

この「愛情の器」に基づく愛着修復プログラム（ARPRAM：Attachment Restoration Program based on "Receptacle of Affection Model"）は，他の心理教育プログラムやSST（social skill training）と異なり，セッション制をとらず，日常生活に埋め込まれた支援プログラムであり，成果がセッション内に閉じず，開かれた応用効果が期待できる。そしてどの発達段階のこども，大人にも使用可能であり，「いつでも」「どこでも」できる支援プログラムなのである。

（3）発達障害を併せ持つ愛着障害への支援

これも詳細は別項（米澤，2015；2016；2017）に譲るが，ADHDと愛着障害を持つ場合，ADHDへの行動支援だけでは効果はないが，愛着への支援を行うことが同時にADHDにとっても効果的な支援となる。知的発達障害を併せ持つ場合は，愛着の支援をこどもにどのようにして意識して受け止めてもらうかの意識化支援がポイントとなる。

ASDと愛着障害を併せ持つタイプへの支援には特に工夫が必要で，ASDへの認知支援，愛着障害への感情支援，どちらでも生じる行動の問題への行動支

援，安全・安心・探索基地機能として，居場所機能としての人間関係支援を組み合わせることが重要である。その際，愛着への支援が効果を持てば，それが感情コントロール効果を生じ，ASDへの支援の効果がアップするのである。

（4）発達段階による愛着支援の違いと保護者支援

　乳幼児期の支援は，キーパーソンとの1対1関係による安全・安心基地機能の形成，修復が重要である。児童期には「誰かと一緒にした作業」の成就感が愛着形成，修復に貢献しやすくなる。思春期から青年期では，キーパーソンの誰かとつなげる橋渡し支援と，人間関係支援機能や自己実現のための礎として今できていることを確認するゼロステップ支援が重要になる。

　一方，大人への支援で必要な視点は，「自分は悪くない」という自己防衛に対して，責めないで折り合いをつける支援，先の見通しを共有する支援が効果的となる。その意味で，こどもの保護者支援では，自己防衛的な保護者を責めない，何かをするよう求めないこと，支援者の成功体験を「こうしたらこうなった」と丁寧に伝え続けることによる関係づくりの支援が必須といえるだろう。

【文　献】

米澤好史．(2015)．「愛情の器」モデルに基づく愛着修復プログラム：発達障害・愛着障害現場で正しくこどもを理解し，こどもに合った支援をする．東京：福村出版．

米澤好史．(2016)．愛着障害・愛着の問題を抱えるこどもの理解と支援：愛着の問題のアセスメントと「愛情の器」モデルに基づく愛着支援プログラムによる支援．*日本学校心理士会年報*．8, 17-28．

米澤好史．(2017)．「愛着」の視点を支援とかかわりに．*学校教育相談*，4月号〜3月号（1年間連載）．東京：ほんの森出版．

米澤好史．(2018)．*やさしくわかる! 愛着障害：理解を深め，支援の基本を押さえる*．東京：ほんの森出版．

著者紹介 （執筆順）

米澤　好史	（よねざわ・よしふみ）	編者・和歌山大学教育学部 教授
柴田　俊一	（しばた・しゅんいち）	常葉大学健康プロデュース学部 教授
山口　創	（やまぐち・はじめ）	桜美林大学リベラルアーツ学群 教授
山崎　茜	（やまさき・あかね）	広島大学大学院教育学研究科教職開発専攻（教育大学院）講師
兵藤　朱實	（ひょうどう・あけみ）	社会福祉法人ふじの会 理事
前田　綾	（まえだ・あや）	学校法人 昭和幼稚園 教頭
宮内英里子	（みやうち・えりこ）	宮崎県公立中学校 養護教諭，公認心理士
山本　敬三	（やまもと・けいぞう）	大阪府岸和田市立城東小学校 首席
清水　初穂	（しみず・はつほ）	大阪府河内長野市立長野小学校 教諭
齋藤　良直	（さいとう・よしなお）	長野県下伊那郡売木村立売木小・中学校 校長
中川　菜弓	（なかがわ・なゆみ）	星野学園 生活相談員
松下　成子	（まつした・しげこ）	鳥取県教育委員会 スクールカウンセラー
伊達　寿江	（だて・ひさえ）	岡山県立西備支援学校 教育支援コーディネーター
久保　英明	（くぼ・ひであき）	児童養護施設 こばと学園 児童指導員
土井　裕正	（どい・ひろまさ）	児童心理治療施設みらい 臨床心理士
西川　順也	（にしかわ・じゅんや）	和歌山県子ども・女性・障害者相談センター 臨床心理士 上級教育カウンセラー

※所属は執筆時

監修者紹介

本郷一夫（ほんごう・かずお）

　東北大学大学院教育学研究科教授。博士（教育学）。東北大学大学院教育学研究科博士後期課程退学。東北大学大学院教育学研究科助手，鳴門教育大学学校教育学部講師，同大学助教授，東北大学大学院教育学研究科助教授を経て現職。専門は発達心理学，臨床発達心理学。現在は，社会性の発達とその支援に取り組んでいる。主な著書に『幼児期の社会性発達の理解と支援―社会性発達チェックリスト（改訂版）の活用』（編著・北大路書房，2018），『認知発達とその支援』（共編著・ミネルヴァ書房，2018），『認知発達のアンバランスの発見とその支援』（編著・金子書房，2012），『「気になる」子どもの保育と保護者支援』（編著・建帛社，2010），『子どもの理解と支援のための発達アセスメント』（編著・有斐閣，2008）など。

編著者紹介

米澤好史（よねざわ・よしふみ）

　和歌山大学教育学部教授。京都大学大学院文学研究科博士後期課程（心理学専攻）中退。和歌山大学教育学部助手，専任講師，助教授を経て現職。専門は臨床発達心理学，実践教育心理学。教育・保育・福祉・医療・子育ての現場で，愛着障害，発達障害，様々な発達やこころの問題を抱えるこどもへの発達支援，その支援者へ支援に取り組んでいる。日本教育カウンセリング学会理事，日本教育実践学会理事，日本学校心理士会常任幹事，日本臨床発達心理士会幹事等を務める。最近の主な著書に『行動科学への招待―現代心理学のアプローチ［改訂版］』（共編著・福村出版，2012 年），『「愛情の器」モデルに基づく愛着修復プログラム―発達障害・愛着障害　現場で正しくこどもを理解し，こどもに合った支援をする』（福村出版，2015 年），『やさしくわかる！愛着障害―理解を深め，支援の基本を押さえる』(ほんの森出版，2018 年) など。

シリーズ 支援のための発達心理学

愛着関係の発達の理論と支援

2019年 3 月 28 日　初版第 1 刷発行　　　　　　　　　　［検印省略］
2024年 3 月 25 日　初版第 6 刷発行

　　　　　　　　　　監修者　　本　郷　一　夫
　　　　　　　　　　編著者　　米　澤　好　史
　　　　　　　　　　発行者　　金　子　紀　子
　　　　　　　　　　発行所　　株式会社　金　子　書　房
　　　　　　　　　〒112-0012　東京都文京区大塚3-3-7
　　　　　　　　　　　　　　TEL 03-3941-0111(代)
　　　　　　　　　　　　　　FAX 03-3941-0163
　　　　　　　　　　　　　　振替 00180-9-103376
　　　　　　　　URL　https://www.kanekoshobo.co.jp

印刷／藤原印刷株式会社　製本／有限会社井上製本所
　　　装丁・デザイン・本文レイアウト／mammoth.

Ⓒ Yoshifumi Yonezawa, et al., 2019
ISBN978-4-7608-9575-5　C3311　Printed in Japan

シリーズ 支援のための発達心理学
―――― 本郷一夫 ◎ 監修

既刊

コミュニケーション発達の理論と支援
藤野 博 編著
本体 1,500円＋税／A5判・128ページ

実践研究の理論と方法
本郷一夫 編著
本体 1,500円＋税／A5判・128ページ

知的発達の理論と支援――ワーキングメモリと教育支援
湯澤正通 編著
本体 1,500円＋税／A5判・128ページ

自己制御の発達と支援
森口佑介 編著
本体 1,500円＋税／A5判・120ページ

愛着関係の発達の理論と支援
米澤好史 編著
本体 1,500円＋税／A5判・128ページ

生態としての情動調整――心身理論と発達支援
須田 治 編著
本体 1,500円＋税／A5判・120ページ

刊行予定

※いずれも、予価1,500円＋税，予定ページ数128ページ。
※タイトルはいずれも仮題です。

◆情動発達の理論と支援
遠藤利彦 編著

◆生涯発達の理論と支援
白井利明 編著